Reisen nach Absurdistan

Kuriose Geschichten von unterwegs

von Anna Zoch

Reisen nach Absurdistan

Kuriose Geschichten von unterwegs

von Anna Zoch

Bibliografische Information der Deutschen
Nationalbibliothek:
Die Deutsche Nationalbibliothek verzeichnet diese
Publikation in der Deutschen Nationalbibliografie;
detaillierte bibliografische Daten sind im Internet über
http://dnb.dnb.de abrufbar.

Text und Fotos: Anna Zoch (Foto S. 131: Eheleute Dünchem)

Herstellung und Verlag: BoD – Books on Demand,
Norderstedt

ISBN: 9783752685039

Meine Lektüreempfehlung

1. Vorwort

„Wenn einer eine Reise tut, dann kann er was erzählen!"

Das gilt umso mehr für mich, da ich seit nun vielen Jahren als Studienreiseleiterin unterwegs bin, hauptsächlich in Nordwesteuropa.

Wer mit Menschen arbeitet, weiß, dass es niemals langweilig wird. Unsere Mitmenschen können immer wieder auch für unvorhergesehene und zum Teil sehr kuriose Situationen sorgen. In meiner nunmehr langjährigen Tätigkeit habe ich mittlerweile zahlreiche zum Teil auch recht absurde Ereignisse erlebt.

Irgendwann habe ich damit angefangen, meine Geschichten aufzuschreiben, um mich an diese besonderen Reisen und vor allem auch an meine vielen Gäste erinnern zu können.

Jede Anekdote steht für sich. Manchmal sind jedoch in einer Geschichte auch Erlebnisse aus mehreren Reisen zusammengeflossen.

Der „rote Faden" aller Erzählungen ist meine große Liebe und Leidenschaft zu meinem Beruf als Reiseleiterin.

Ich teile diese persönlichen Momente und Erlebnisse nun mit Ihnen und lade Sie ein zu einer exklusiven Reise in mein privates „Absurdistan"! Kommen Sie mit?

Vor der Admiralitätskirche in Karlskrona mit „Mats Rosenboom", bekannt aus dem Roman „Nils Holgersson" von Selma Lagerlöf

2. „Mein schwedischer Kofferkrimi"

Ein Sommer in Schweden, wer denkt da nicht sofort an einen strahlend blauen Himmel mit Schäfchenwolken, an die unzähligen Seen oder an das Rauschen der Meeresbrandung, an rote Holzhäuser auf blanken, vom Eis glattpolierten Schärenklippen, an eine wahre Sommeridylle auf dem Land oder an der Küste, an Erdbeeren mit Sahne, an in weiß gekleidete, blonde und feiernde Schweden und alles in einer Stimmung der Ruhe und Entspannung, Hektik und Stress scheinen weit entfernt ... Ach ja, so ist der schwedische Sommer, ganz bestimmt, das habe ich immer wieder so erlebt.

Doch dieser idyllische Eindruck kann auch trügen. Trauen Sie dem „Lindström" - Schein nicht so leichtfertig: Wir sind unterwegs in Schweden, ein Land, in dem sich durchaus Groteskes, Absurdes und auch Kriminelles ereignen kann. Das wollen Sie nicht glauben? Dann erzähle ich Ihnen jetzt meinen persönlichen Kofferkrimi, der sich genauso im sehr beschaulichen Südschweden zugetragen hat.

Als ich meine erste einwöchige Rundreise der Sommersaison 2012 durch Schweden antrete, ahne ich im Vorfeld nicht, was dort alles auf mich zukommen wird. Voll freudiger Erwartung reise ich mit meinen Gästen aus Deutschland, Österreich und der Schweiz vom Flughafen Hamburg aus an. Wir fliegen nach Jönköping, das malerisch am Südufer vom Vätternsee liegt. Nach der Landung auf dem kleinen Flughafen gehen alle Fluggäste zu Fuß über das Rollfeld ins Terminal. Das allein schon und dann der Anblick der kleinen, automatischen Rasenmäher, die kreuz und quer vor dem Terminalgebäude ihre Runden drehen, löst Erstaunen und eine erste Begeisterung bei den Fluggästen aus.

Dann heißt es warten am Kofferband und bald erscheinen die ersten Gepäckstücke. Glücklich kann sich schätzen, wer seinen Koffer erhält, denn schnell stelle ich fest, dass das keine Selbstverständlichkeit ist.

Vor allem Zubringerflüge bergen scheinbar die Gefahr, dass ein Umladen und Weiterleiten der Koffer nicht immer sicher gewährleistet ist. Somit ist dann eine meiner ersten Amtshandlungen am Flughafen das Aufgeben der „Vermisstenanzeige" zweier Koffer, die Besitzer sind ein leicht echauffiertes Mutter-Tochter-Gespann. „So fängt der Urlaub ja ganz toll an", ist dann der

Kommentar, den ich zu meinem Leidwesen noch häufiger hören sollte.

Bald darauf setzt Regen ein - „Murphy" lässt grüßen! Die Regenjacken meiner kofferlosen Gäste sind natürlich gut und sicher verstaut in ihren Koffern. Unsere erste Nacht verbringen wir in Jönköping, aber ein Einkaufen von Kosmetikartikeln ist an diesem Tag leider nicht mehr möglich. Denn es ist Mittsommer und dann sind alle Geschäfte geschlossen, doch zum Glück ist unser Hotel auf solche Notfälle eingestellt.

Der nächste Tag, ein Sonntag, führt uns in den Südwesten bis nach Lund in Schonen, hier werden wir die zweite Nacht verbringen. Im Verlauf des Abends kommt dann tatsächlich einer der vermissten Koffer an, aber einer fehlt immer noch, obwohl doch die beiden „Geschädigten" zusammen angereist sind. Mittlerweile liegen die Nerven des Gastes ziemlich blank, dessen Koffer immer noch unterwegs ist und der den ganzen Tag bei ca. 18 Grad ohne Jacke und mit mehreren Regenschauern verbracht hat. Am nächsten Morgen gibt es die Erlösung: Kurz vor unserer Abfahrt von Lund in Richtung Malmö erreicht ein Taxi vom Flughafen Kopenhagen das Hotel mit dem noch fehlenden Koffer! Der weitere Verlauf der Reise verläuft ohne weitere nennenswerte Verluste, und am Ende ist es für alle Gäste trotz anfänglicher Stolpersteine ein wunderbares Reiseerlebnis im Mittsommernachtstraum.

Im nächsten Sommer fliege ich wieder voller Vorfreude und frohen Mutes nach Schweden, nicht ahnend, dass sich das Koffererlebnis dieses Mal noch steigern wird. Nach den ersten beiden Wochen erfolgreicher und problemloser Rundreise kommt es dann bei der Ankunft der dritten Gruppe zum „Supergau"! Es fehlen die Koffer von 10 Reisegästen, also von fast einem Drittel meiner Gruppe und sie haben alle unterschiedliche Abflughäfen: Wien, Zürich, München, Frankfurt und Düsseldorf. Das kann doch nicht wahr sein! Auch ein Kollege mit einem ganz anderen Reiseprogramm hat Kofferverluste zu reklamieren. Zunächst steht dieselbe Prozedur an wie im vergangenen Jahr. Wieder müssen die Verluste gemeldet werden. Aber mittlerweile habe ich vorsorglich eine Liste mit den jeweiligen Hotels und meiner schwedischen Mobilnummer darauf kopiert und hinterlasse diese dann am Flughafen in Jönköping.

Dieses Mal ist es die Ankunft an einem normalen Wochenende, so dass die dringlichsten Utensilien in Jönköping gekauft werden können. Begeistert ist natürlich keiner der Betroffenen, besonders ein Herr aus Österreich reagiert sehr ungehalten über seinen Kofferverlust und glaubt, auch noch ein besonders schlechtes Hotelzimmer bekommen zu haben. Da ist dann wirklich Fingerspitzengefühl angesagt… Wieder beginnt eine Reise unter schlechten Startbedingungen, wieder höre ich den Satz „Der Urlaub fängt ja toll an". Aber zumindest spielt diesmal das Wetter mit.

Voller Hoffnung, dass am kommenden Abend in Lund zumindest ein Teil des fehlenden Gepäcks da sein könnte, fahren wir am nächsten Morgen los. Auf halber Strecke zu unserem ersten Programmpunkt klingelt mein Handy. Jemand vom Flughafen Kopenhagen möchte von mir die Referenznummern der geschädigten Gäste wissen, die auf deren Protokollkopien notiert sind. Ich bitte um einen Rückruf zu einem späteren Zeitpunkt, denn die Rufnummer ist nicht auf meinem Display angezeigt und ich habe ja schließlich auch noch mein Programm zu erfüllen, da kann ich nicht immer gut telefonieren. Nach unserem Rundgang an unserem nächsten Stopp suchen alle Betroffenen in ihren vorhandenen Gepäckstücken nach dem benötigten Papier. Anschließend fahren wir weiter und ich hoffe auf einen Rückruf beim nächsten Stopp, um die erbetenen Informationen mitteilen zu können. Der Rückruf kommt dann, wie ich schon irgendwie ahnte, erst kurz nach unserer nächsten Abfahrt, schon wieder zu einem ungünstigen Zeitpunkt. Also bitte ich erneut darum, mich während unseres nächsten Stopps anzurufen, nicht bedenkend, dass es dort an der Landspitze am Kullaberg kein gutes Empfangsnetz für Mobiltelefone gibt! Und natürlich erfolgt der erwünschte Rückruf wieder erst zu unserer Abfahrtszeit.

Das nächste Ziel ist Lund, unser Hotelstandort für die nächste Nacht und nicht allzu weit entfernt von den Flughäfen Kopenhagen und Malmö. Unsere Hoffnung, bei Ankunft im Hotel die vermissten Koffer vorzufinden wird schnell zunichte gemacht, aber der Abend steht uns ja noch bevor und auch am nächsten Morgen ist ein Eintreffen der vermissten Gepäckstücke noch vor unserer Abfahrt nach Malmö möglich. Also gehen wir dann zu Bett und träumen von Koffern…

Ja, auch ich, denn ich erhalte noch einen abendlichen Anruf: Diesmal ist es der Flughafen in Malmö mit der frohen Botschaft, das fehlende Gepäck würde am nächsten Morgen gegen 11 Uhr dort eintreffen. Nur ist das bedauerlicherweise etwa zeitgleich zu unserer üblichen Abfahrtszeit zum nächsten Stopp auf der Reiseroute, der etwa zwei Fahrtstunden von Malmö entfernt ist.

Die Enttäuschung bei einem Drittel der Gäste über die nicht eingetroffenen Koffer zum Frühstück ist nicht besonders förderlich für eine Gruppenreise, was soll ich also machen? Ich entscheide, eine Fahrt zum Flughafen von Malmö einzuschieben, auch wenn sich dadurch das weitere Tagesprogramm verzögert. Schließlich ist ein Großteil der Reisegruppe betroffen.

Wir fahren zum Flughafen von Malmö, der genau in entgegengesetzter Richtung zu unserer Reiseroute liegt und erreichen diesen voller Hoffnung. Tatsächlich liegen dort diverse herrenlose Koffer im Terminal. Aber es fehlen immer noch drei unserer vermissten Gepäckstücke. Ich vertröste meine muffelnden und mittlerweile auch leider leicht müffelnden Gäste auf den nächsten Hotelstandort Kalmar, schließlich gibt es dort ebenfalls einen Flughafen. Außerdem gibt es ja auch noch eine Einkaufsmöglichkeit am Nachmittag in Karlskrona, das Wetter ist aber auch einfach zu schön! Das sind jedoch wahrlich keine besonders schönen Momente im Leben eines Reiseleiters…

Unterwegs bekomme ich einen Anruf vom Flughafen von Kalmar: Unsere noch vermissten Koffer seien auf dem Weg dorthin und würden mit einem Taxi zum Hotel gebracht. Halleluja, was für eine Freude!

Als wir abends das Hotel in Kalmar erreichen, fährt tatsächlich ein Taxi vor und liefert uns ZWEI von noch drei fehlenden Koffern. Der Betroffene, ein reizender Professor aus Zürich, verliert jetzt dann auch seine Fassung und erklärt mir, dass er mittlerweile seit drei Tagen in den gleichen Kleidungsstücken herumliefe und diese Situation angesichts der sommerlichen Temperaturen für ihn und die Mitreisenden nicht mehr tragbar sei… Sein Koffer trifft dann im Verlauf des nächsten Abends in Stockholm ein, wir haben bereits die Hälfte unserer Reiseroute absolviert.

Am Abend ereignet sich im Hotel von Stockholm folgendes: Ich erhalte einen Anruf vom internationalen Flughafen Stockholm in Arlanda mit dem Hinweis, dass der letzte verbliebene Koffer ins Hotel geliefert würde. Kurz vor 23 Uhr, der letzte Koffer ist mittlerweile angekommen, klingelt mein Mobiltelefon: Diesmal meldet sich die Hotelrezeption. Es sei ein Koffer eingetroffen und auf der Banderole seien Namen aus meiner Reisegruppe vermerkt. Ich gehe hinunter und wundere mich über die Namensangaben auf der Banderole: Es sind insgesamt drei Namen vermerkt und zwei stimmen mit Teilnehmern aus meiner Gruppe überein. Aber wir haben doch unser Gepäck und mit dem überzähligen Koffer kann ich nichts anfangen. Also erkläre ich der Rezeptionistin, sie möge diesen Koffer zurückschicken, wir seien versorgt!

Aussicht auf Södermalm in Stockholm

Ich gewinne in dieser Woche den Eindruck, dass meine schwedische Mobilnummer an sämtlichen Flughäfen hinterlegt ist und ich die erste Ansprechperson für „herrenlose" Koffer in dieser Woche bin. Vollständig aufgeklärt hat sich dieses Durcheinander letztendlich nicht. Vermutlich wurde am Flughafen Hamburg ein kompletter Kofferwagen fehlgeleitet.

Mit diesen Erlebnissen im Hinterkopf starte ich ein Jahr später in die nächste Sommersaison und diesmal wird es mich treffen! Doch ich werde meinen Koffer nicht wiedersehen, bei mir ist es ein endgültiges Verschwinden und ein unfreiwilliges Treffen mit den Kollegen von „Kommissar Wallander".

Nach drei Tagen mit vollem Programm erreichen wir abends mit einigem Zeitverzug unser Hotel in der Altstadt von Malmö, dass nur fußläufig zu erreichen ist. Wir sind eine Kleingruppe in einem Sprinterbus mit einem Anhänger für die Koffer. Weil es schon spät ist, lasse ich die Tasche mit meinen Unterlagen im Bus und nehme für diese Nacht nur eine kleine Tasche mit meinem Gepäck mit. Mein großer Koffer ist im Busanhänger! Ein Fehler, wie sich dann leider herausstellen wird.

Blick von Malmö auf die Öresundbrücke

Dabei beginnt der Abend mit großer Erwartung: Denn heute findet das Endspiel der Fußballweltmeisterschaft statt! Das zieht sich jedoch hin und erst in der Verlängerung gewinnt Deutschland gegen Argentinien. Während ich nach dem langen Tag auf eine zügige Entscheidung hoffe, erreicht mich ein Anruf meines Fahrers. Unser Bus wurde aufgebrochen und meine Unterlagentasche und der Koffer sind weg! Das ist ein großer Schock für mich: Der Verlust meiner Kleidung ist das eine, viel schlimmer ist der Verlust meiner Unterlagen...

Am nächsten Morgen kommt jedoch die wunderbare Nachricht, dass jemand im Stadtpark von Malmö unweit des Hotels meine Tasche gefunden hat und anhand der Unterlagen Kontakt zu meinem Fahrer aufnehmen konnte: Ich bekomme fast alles zurück! Darüber bin ich sehr erleichtert. Den Buseinbruch und Diebstahl müssen wir allerdings zu Protokoll geben. Also gehe ich bei der nächsten Gelegenheit zur Polizei, um meinen Verlust zu melden und höre dann von den freundlichen Polizisten mehrfach das Wort „Semester" – das schwedische Wort für Urlaub! Nun wird mir klar, dass ich meinen Koffer wohl abschreiben kann. Und so ist es dann auch. Bis heute habe ich keine Informationen über den Verbleib oder vielmehr über das Verschwinden meines Koffers.

Bei meiner Reise 2019 mit zwei Übernachtungen in Malmö erzähle ich meinen Gästen vor unserer Ankunft von diesen Erlebnissen und betone ausdrücklich, dass ich seitdem nie wieder Taschen, Unterlagen oder andere wichtige Dinge im Bus gelassen habe, nicht mal im kleinsten Provinznest in Schweden! Am nächsten Morgen, etwa 30 Minuten vor unserer vereinbarten Abfahrtszeit, treffe ich dann auf einen vollkommen aufgelösten Busfahrer, der mir fassungslos mitteilt, dass unser Bus aufgebrochen wurde. Unglaublich, aber wahr! Und so komme ich an diesem Tag, einem Sonntag, wieder in den zweifelhaften „Genuss", Kontakt mit der örtlichen Polizei aufzunehmen. Für mich ist jedoch nur unverständlich, dass trotz meiner eindringlichen Warnung ein Gast sein Mobiltelefon im Bus gelassen hat, das natürlich nie wieder aufgetaucht ist.

Ich bin ein großer Fan der schwedischen Kriminalliteratur. Meine persönlichen Erfahrungen haben mir jedoch vor Augen geführt, dass in dem vermeintlich idyllischen Land Vorsicht geboten ist.

Kommissar Wallander und seine Kollegen haben leider eine traurige „Existenzberechtigung".

Möglicherweise ist es genau der Kontrast zwischen dem idyllischen „Bullerbü-Schweden" und der Realität, der den großen Erfolg der schwedischen Krimiliteratur ausmacht…

3. „Meine Nacht mit Königin Silvia"

„Was sollen denn die Absperrungen hier am Parkplatz? Und warum ist dort Polizei vor dem Hotel abgestellt? Wer kommt denn heute?" frage ich die Polizeibeamten am 07.04. 2014 vor dem Schlosshotel in Gotha. Meine nächste Frage ist dann mehr praktisch: „Wo sollen wir denn heute unseren Bus parken?"

Ich bin mit Gästen unterwegs in Thüringen auf den Spuren der Titanen der deutschen Geschichte: Luther, Goethe, Schiller und Bach. Wir wohnen im Schlosshotel in Gotha am Schlosspark und machen Ausflüge nach Erfurt, Weimar, Arnstadt und zur Wartburg. Bei unserer Rückkehr ist aber der hoteleigene Parkplatz gesperrt, ein großes Polizeiaufgebot vor dem Hotel regelt den Verkehr.

„Königin Silvia von Schweden bekommt heute einen Preis im Schloss Friedenstein von Gotha überreicht und übernachtet hier", lautet die Auskunft des freundlichen Polizisten, der mir dann auch erklärt, wo der Bus heute Nacht parken muss.

Ich kann mich kaum bremsen in meiner Begeisterung! Königin Silvia von Schweden und ich werden unter einem Dach nächtigen! Natürlich möchte ich Beweisfotos von dieser für mich sicher einmaligen Begegnung machen und begebe mich auf Recherchetour. An der Rezeption werde ich, wie nicht anders zu erwarten, mit der wenig hilfreichen Auskunft abgespeist: „Wir dürfen über das Programm keine Auskunft geben!"

Ich finde aber heraus, dass das erste Stockwerk des Hotels für die nächste Nacht royal sein wird und gehe einfach mal dorthin. Es ist unglaublich, niemand hält mich auf! Und ich kann sogar mit einem der Sicherheitsleute reden, der mir dann auch das Programm für den folgenden Tag verrät: Geplant ist ein Spaziergang im Park am frühen Morgen Richtung Schloss mit einer anschließend offiziellen Verabschiedung vor dem Hotel.

Abends lege ich mich leider vergeblich mit noch einigen anderen Fotografen vor dem Hotel auf die Lauer nach einem schönen Foto, aber es geht einfach zu schnell! Königin Silvia kommt aus dem Hotel, steigt in die Limousine und ist davon zu ihrem Abendprogramm. Nur eine Sekunde zu spät drücke ich auf den Auslöser meiner Kamera. Aber es bleibt ja noch eine Chance am nächsten Tag! Und die will ich mir auf gar keinen Fall entgehen lassen.

Also begebe ich mich früh morgens voller Erwartung in den Park gegenüber vom Hotel. Königin Silvia soll ja einen Morgenspaziergang Richtung Schloss machen... Und tatsächlich, nachdem ich schon ziemlich lange auf meiner Parkbank ausgeharrt habe, kommt sie in Begleitung ihrer Hofdame, der königlichen Pressesprecherin sowie einigen Sicherheitsleuten.

Von weitem mache ich einige Fotos, halte mich dann aber, als sie näher kommt, aus Respekt zurück. So eine „Tuchfühlung" zu einer Königin gelingt mir bestimmt nie wieder. Sie geht direkt an mir vorbei! Ich bin sehr glücklich mit meiner Fotoausbeute.

Kurz darauf kommt ihre Limousine vor das Hotel vorgefahren und Königin Silvia wird offiziell von den Stadtoberen verabschiedet. Ich stehe mit meinen Gästen nur etwa 10 Meter von dem Geschehen entfernt und wir werden sogar von Königin Silvia begrüßt! Was für ein besonderes Erlebnis für uns alle. Denn wer kann schon behaupten: „Wir haben eine Nacht mit Königin Silvia verbracht!"

Mehr über Königin Silvia ...

Silvia Renate Sommerlath wurde am 23.12.1943 in Heidelberg als Tochter von Walther Sommerlath und seiner in Brasilien geborenen Ehefrau Alice Soares de Toledo geboren. Sie wuchs zwischen 1947 und 1957 in São Paulo auf. 1957 kehrte die Familie nach Deutschland zurück. 1963 machte sie am Luisen-Gymnasium Düsseldorf ihr Abitur, von 1965 bis 1969 besuchte sie das Sprachen- und Dolmetscher-Institut in München. Neben Schwedisch und Deutsch spricht sie Französisch, Spanisch, Portugiesisch, Englisch und die Schwedische Gebärdensprache. Sie arbeitete im argentinischen Konsulat in München, als Hostess der Olympischen Sommerspiele 1972 in München und als stellvertretende Protokollchefin der Olympischen Winterspiele 1976 in Innsbruck.

Silvia Sommerlath machte bei den Olympischen Sommerspielen 1972 in München als Hostess die Bekanntschaft ihres späteren Mannes, Carl XVI. Gustaf von Schweden, den sie am 19. Juni 1976 in der Stockholmer Storkyrka heiratete. Am Tag vor der Verlobung am 12. März 1976 hatte die schwedische Popgruppe ABBA das Lied „Dancing Queen" in einer Sendung zu Ehren des Brautpaars im schwedischen Fernsehen uraufgeführt.

Silvia setzt sich neben ihren Repräsentationsaufgaben für benachteiligte und missbrauchte Kinder ein. 1999 gründete sie die World Childhood Foundation. Bereits 1990 erhielt sie den Deutschen Kulturpreis für ihren Einsatz für den Behindertensport, 2002 bekam sie den Deutschen Medienpreis in Baden-Baden und im Jahr 2006 den Ehren-Bambi des Verlagshauses Hubert Burda Media. Königin Silvia ist Schirmherrin von insgesamt 62 Vereinigungen. In der Nähe von Schloss Drottningholm gründete Silvia das Silviahemmet (schwedisch für „Das Silviaheim"), in dem Demenzkranke betreut werden. Außerdem gründete das Königspaar den Königlichen Hochzeitsfonds, der Forschung auf dem Gebiet des Behindertensports unterstützt.

Königin Silvia von Schweden wird in Gotha für ihr Lebenswerk und ihren Einsatz für Kinder geehrt. Die gebürtige Heidelbergerin nahm im gleichnamigen Schloss den Preis "Der Friedenstein" entgegen. Königin Silvias Mann, König Carl XVI. Gustaf von Schweden, ist mit dem Herzogshaus Sachsen-Coburg und Gotha verwandt.

Verabschiedung vor dem Schlosshotel in Gotha

Und ist jetzt eine schöne Geschichte für mich...

4. „Sensationsfund im Rannoch Moor"

Im Herbst 2016 begebe ich mich auf eine wunderbare Reise ins Herz von Schottland, unser Standort ist die pittoreske Kleinstadt Pitlochry, etwa eine halbe Stunde Fahrtzeit auf der A9 nördlich von Perth entfernt. Einer unserer Ausflüge führt uns an das Rannoch Moor, ein etwa 130 km² großes Areal, das als eine der letzten unberührten Regionen Schottlands gilt. Das Gebiet ist durch unzählige Torfsümpfe, Wasserläufe, Tümpel und Seen geprägt und ist auch eine Wasserscheide: Die westlich gelegenen Seen und Flüsse entwässern in den Atlantik, die östlichen über den River Tay in die Nordsee. Am viktorianischen Bahnhof, dem Rannoch Station wollen wir gegen Mittag mit schottischen Spezialitäten picknicken.

Die kleine Bahnstation liegt weit abseits der gängigen Touristenrouten. Um dorthin zu kommen, geht es für uns zunächst über die Straße B8019 nahe Pitlochry. Bald erreichen wir den wunderschönen Aussichtspunkt „Queen's View" mit Ausblick auf den Loch Tummel, den schon die Queen Victoria im 19. Jahrhundert genossen haben soll. Der Straße folgend geht es weiter durch den Tay Forest Park und entlang des Loch

Rannoch. Wir passieren unzählige Weiden mit Schafen, sehen uralte riesige und mit Flechten behängte Bäume und das typisch schottische Highland Cattle.

Die meisten uns entgegenkommenden Fahrzeuge sind LKWs der Forstwirtschaft. Immer wieder spannend ist so eine Begegnung auf einer „single road track", einer einspurigen Strecke mit Ausweichbuchten. Dann ist ein millimetergenaues Rangieren der Fahrer gefordert.

Am Ende der Straße sehen wir Schild mit dem Hinweis auf eine Sackgasse. Wir erreichen eine Mondlandschaft mit kargen Hügeln, nur mit Heide und Gräsern bedeckt. Völlig unerwartet taucht am Ende der Straße eine kleine Ansiedlung auf. Dort gibt es sogar ein Hotel. Und in der kleinen Bahnhofsstation von 1894 finden durstige Zugpassagiere einen gemütlichen „Tearoom". Die Bahnverbindungen gehen von hier aus entweder in Richtung Glasgow oder nach Fort William. Viele Wanderer stärken sich noch einmal vor ihrem Weg durchs Hochmoor in das legendäre Tal GlenCoe.[1]

---

[1] Im Februar 1692 ereignete sich ein perfides Massaker an den dort ansässigen MacDonalds, das dem Tal den

Ich mache nach unserem Picknick an der Bahnstation einen kurzen Spaziergang und stehe nach wenigen Metern überrascht vor einer mit Moos bedeckten verwitterten Holzwurzel, die meine Phantasie sofort beflügelt. Das sieht doch aus wie „Nessie", geht mir sogleich durch den

---

Beinamen „Tal der Tränen" eingebracht hat. Der 1688 ernannte König William III von Oranien (der protestantische Schwiegersohn des abgesetzten Stuarts James VII.) verpflichtete alle Highlandchiefs zu einem Treueschwur, der bis Jahresfrist 1691 geleistet werden sollte. Alistair MacDonald of GlenCoe zögerte lange, kam aufgrund des Winterwetters zu spät und dann wurde an seinem Clan ein schreckliches Exempel statuiert. Ausgerechnet die benachbarten Campbells, mit denen die MacDonalds verfeindet waren, wurden mit der schrecklichen Bluttat beauftragt. Sie genossen etwa zwei Wochen die Gastfreundschaft der MacDonalds. Das galt in den Highlands als höchstes Gut und wurde auch Mitgliedern eines verfeindeten Clans zugestanden. Die königliche Order hatte den Inhalt, „keinen Mann unter 70 Jahren zu verschonen!" Viele flohen in die Berge und erfroren. Für europaweites Entsetzen sorgte jedoch der Missbrauch der Gastfreundschaft, das Abschlachten der Schotten untereinander war nichts wirklich Neues. Bis heute erinnert an dieses Ereignis das traditionelle Lied „The massacre of GlenCoe", den Mitgliedern des Campbell Clans wurde noch bis in die 70er Jahre des 20. Jahrhunderts der Zugang zum Ort GlenCoe verweigert!

Kopf… Ich kenne alle „Nessies" vom Loch Ness, aber das hier ist doch ganz anders und begeistert mich sehr! Sofort mache ich Beweisfotos.

Meine unglaubliche Entdeckung am Rannoch Moor und meine Aufnahmen inspirieren mich zu einer spannenden Geschichte für die Boulevardpresse. Ich sehe schon folgende Schlagzeile vor meinem geistigen Auge:

„News aus dem SommerLoch: Nessie macht Urlaub! Sensationelle Entdeckung! „Nessie" ist im Rannoch Moor! Warum hier? In dieser kargen Einsamkeit? Fort William im Norden, Tyndrum im Süden, das legendäre GlenCoe im Westen? Ganz einfach: „Nessie" macht Urlaub! Vollkommen klar, so kurz nach der Hauptsaison. Viel zu viel Stress für „Nessie"! Täglich Besucher aus aller Welt am Loch Ness! Jeder will einen exklusiven Fototermin! „Nessie" reicht es! Ab in den Urlaub! Ganz weit weg, dahin, wo niemand mit „Nessie" rechnet!"

Das wäre doch eine weitere unglaubliche Geschichte als Ergänzung zu der mittlerweile langjährig andauernden Berichterstattung über „Nessie". Aber warum sollte sich das Ungeheuer vom Loch Ness ausgerechnet das Rannoch Moor als Urlaubsrefugium aussuchen? Nun, für mich ist das ganz offensichtlich: Ruhe und Erholung sind hier hier garantiert und außerdem wäre eine Anreise für „Nessie" auch recht einfach möglich.

Vom Loch Ness geht es zunächst durch den Caledonian Canal. Dieser wurde Anfang des 19. Jh. als künstlicher Wasserweg geschaffen und verbindet die Lochs (Seen) im Great Glen, dem Großen Tal. Handelsschiffen wurde so eine Durchfahrt quer durchs Land ermöglicht. Mit dem Bau der Eisenbahnlinien kurz danach verlor dieser Kanal sehr schnell seine ursprünglich wirtschaftliche Bedeutung und wird heute nur noch von „Freizeitkapitänen" frequentiert. Weiter durch Loch Oich und Loch Lochy kann „Nessie" Fort William einfach und bequem auf dem Wasserweg erreichen, und ab da geht es weiter mit dem Zug in Richtung Glasgow bis ins Rannoch Moor. So stelle ich mir die Reiseroute vor…

Eine Schottlandreise ohne einen Besuch von Loch Ness ist zwar durchaus möglich, aber für die meisten Besucher eher nicht vorstellbar. Zumindest nicht für diejenigen, die zum ersten und auch nur für ein einziges Mal nach Schottland reisen. Viele Besucher aus aller Welt kommen jedes Jahr zum Loch Ness und besuchen das Urqhart Castle, das auf einer Landzunge etwa 30

Kilometer südlich von Inverness liegt. Die Anfänge dieser heutigen Burgruine liegen im 13. Jahrhundert. In den nachfolgenden Jahrhunderten wurde das Castle zu einer imposanten Anlage erweitert und im 17. Jahrhundert in die Luft gesprengt. Seitdem zieht die malerische Ruine unzählige Gäste aus der ganzen Welt an, darunter auch den Nationaldichter Schottlands Robert Burns und Theodor Fontane... Hier ist angeblich auch die beste Stelle, um nach „Nessie" Ausschau zu halten. Kein Wunder, dass in der Hauptsaison von Mai bis September die Besuchermassen vor dem Castle Schlange stehen, um von hier nach der mysteriösen „Schlange" Ausschau zu halten ☺...

Ausblick vom Urqhart Castle über Loch Ness

Über das legendäre Ungeheuer Schottlands gibt es heute unzählige Hinweise, der erste geht bereits auf das 6. Jahrhundert zurück! Es soll der heilige Columba gewesen sein, ein irischer Missionar, der 563 n.Chr. an der Westküste Schottlands das Kloster Iona gegründet hat. Von dort aus brachte er den Pikten, der Urbevölkerung Schottlands, den christlichen Glauben und soll ein Wasserungeheurer auf dem Fluss Ness gesehen haben. Einer seiner Mönche durchquerte den Fluss und wurde dabei angegriffen. Columba schlug das Kreuzzeichen und sagte: „Geh gar kein Stück weiter und berühre den Mann nicht. Schnell! Zieh dich zurück!", worauf das Ungeheuer verschwunden sein soll.

Mit dem Bau der Straße A82 von Fort Williams nach Inverness Anfang der 1930er Jahre kam es zu ersten neuzeitlichen Beobachtungen von durchaus honorigen und glaubwürdigen Personen wie zum Beispiel der damaligen Direktorin des Drumnadrochit Hotels. Das löste einen regelrechten Boom aus! Unzählige „Beweisfotos" kursierten in der Presse. Das Bekannteste davon stammt aus dem Jahr 1934 und wurde erst 1994 als Fälschung enttarnt. Ein Großwildjäger mit viel Humor legte dem British Museum einen Gipsabdruck vor, den er mit einem Nilpferdfuß-

Aschenbecher angefertigt hatte. Mit zum Teil recht abenteuerlich anmutenden Mitteln wird Loch Ness seitdem erforscht und es wird versucht, das Geheimnis um „Nessie" zu ergründen. Mit Spezialkameras legten sich Forscher auf die Lauer, auch ein U-Boot kam zum Einsatz und in den 1980er Jahren wurde eigens ein Sonarschiff erbaut.

Bis heute birgt Loch Ness viele Geheimnisse, der volumenreichste See Großbritanniens ist derzeit nicht vollständig erforscht. So schwanken die Angaben über dessen Tiefe erheblich, zwischen mehr als 200 Metern bis hin zu mehr als 300 Metern. Angeblich soll die dreifache Anzahl der gesamten Menschheit Platz im Loch Ness haben.

Schwebepartikel im Wasser schränken die Sicht unter Wasser erheblich ein, dazu kommt eine ganzjährig konstante Wassertemperatur von etwa 6 bis 8 Grad.

Eine Theorie der „Nessieforschung" besagt, dass möglicherweise ein Meeressaurier die Zeiten im Loch Ness überlebt habe, der Fund des als ausgestorben angesehenen Quastenflossers 1938 bzw. 1997 spräche dafür! Nach der letzten Eiszeit ist Loch Ness aufgrund der Landhebung zu einem

Binnensee geworden, zuvor war es eine Meeresbucht der Nordsee. Hat dort womöglich eine Population der Meeressaurier die Zeiten überlebt? Loch Ness gilt als sehr fischreich, genügend Nahrung wäre also vorhanden… Und was ist mit den nicht auffindbaren Kadavern und Leichen? Ist das Futter für Nessie? Als einmal einer meiner Gäste erst nach erheblicher Verspätung am Bus auftauchte, kursierte bereits zuvor ein entsprechendes Gerücht unter den Anwesenden, das dieser Gast sicherlich das aktuellste „Nessieopfer" sei…

Das Rätsel bleibt hoffentlich weiterhin bestehen, auch wenn die **BBC Mitteilung vom 05.09. 2019** eine neue nüchterne Erklärung liefern: „Das Loch Ness Monster könnte ein gigantischer Aal sein!"

https://www.bbc.com/news/uk-scotland-highlands-islands-49495145

Die ganze Region lebt jedenfalls seit vielen Jahren von dem Mysterium „Nessie". Ab der Stadt Inverness begibt sich der Besucher auf den „Nessie Trail", im Ort Drumnadrochit kann er sich sowohl im „Nessieland" als auch im „Loch Ness Experience" in die Thematik vertiefen. In einem Rundgang wird der Besucher in mehreren

Stationen über Loch Ness und die „wissenschaftliche Erforschung" über das legendäre Ungeheuer informiert. Auf dem Außengelände ist sogar das U-Boot zu sehen, mit dem einst das Geheimnis gelüftet werden sollte. Und „Nessie" ist natürlich auch anwesend!

Schottland ist ja auch bekannt für das Klonschaf „Dollie", warum sollte nicht auch „Nessie" geklont sein? Das zumindest würde erklären, warum es vier „Nessies", davon sogar zwei „Jungnessies", allein im Örtchen Drumnadrochit gibt. Natürlich nicht zu vergessen „Nessie" vor dem Clansman Harbour Hotel. Ab hier können Bootsfahrten unternommen werden mit dem Ziel Urqhart Castle. Das Boot fährt dann in einem weiten Bogen rund um die Ruine, um dann an den Anleger zu kommen. Die Wellen sind noch ziemlich lange nach dem Verschwinden des Bootes aus dem Blickfeld des Beobachters auszumachen. Und fährt der Besucher dann weiter in den Ort Fort Augustus am Südende von Loch Ness, begegnet ihm dort an den Schleusenstufen des Caledonian Canal wieder ein „Nessie". In diesem Fall ist es eine aus Draht angefertigte Variante. Damit werden den Touristen aus aller Welt doch sehr viele unterschiedliche Fotomotive am Loch Ness geboten. Dann kann auch wirklich niemand nach seinem Besuch behaupten, er habe „Nessie" nicht gesehen!

Was mich allerdings sehr wundert, ist die Tatsache, dass „Nessie" bisher noch nicht in den offiziellen Kanon der schottischen Musik aufgenommen wurde. Aber, was nicht ist, kann ja durchaus noch werden. Dann hören wir vielleicht irgendwann nicht nur etwas über die „Bonnie, bonnie banks of Loch Lomond", sondern auch etwas über „Bonnie, bonnie Nessie, the secret of Loch Ness"!

Zu einer Schottlandreise gehört „Nessie" heute jedenfalls für die meisten Besucher dazu wie der Whisky, die Schafe, der Kilt und der Dudelsack!

Übrigens: Ich habe „Nessie" auch in den folgenden Jahren immer wieder dort an der Bahnstation am Rannoch Moor „getroffen", und zwar immer Anfang September! Das kann doch kein Zufall sein? Wer also eine wirklich exklusive Begegnung mit „Nessie" sucht, dem empfehle ich einen Besuch von Rannoch Moor Station! Sei es zum Treffen mit „Nessie", zum Teetrinken, als Anfang einer Wanderung durchs Moor oder anlässlich einer Zugfahrt...

Mein „Sensationsfoto" im Rannoch Moor!

Und hier eines von „Nessie" in Dumnadrochit...

5. „Mit 49 Abenteurern in Schottland"

Sehr gespannt bin ich auf meinen ersten Einsatz in Schottland in diesem Jahr und damit auch auf meinen Saisonauftakt in dem von mir so innig geliebten Nordteil der britischen Insel. Ich sitze Mitte Mai im Flugzeug nach Schottland und ahne nicht ansatzweise, was mir in den nächsten Tagen alles bevorsteht. Schottland ist mein absolutes Traumland, aber diese Überzeugung wird in den nächsten Tagen noch auf eine harte Probe gestellt werden.

Am Abend stelle ich mich meinen Gästen als Hausgeist des Hotels vor, da ich offiziell noch gar nicht im Einsatz bin. Diese sind im Verlauf des Tages aus dem gesamten Bundesgebiet Deutschlands sowie aus Österreich angereist.

Mein offizieller Arbeitsbeginn ist erst am nächsten Morgen und ich verabschiede mich mit einigen essentiellen Überlebenstipps für die erste schottische Mahlzeit.

Es ist in Großbritannien üblich, dass Gäste ihr Abendessen auswählen: Sie entscheiden sich für eine von zwei bis drei Vorspeisen, sowie unter ebenso vielen Hauptgängen und Nachtischen und stellen sich so ein individuelles Menü zusammen.

Am nächsten Morgen erscheinen alle Gäste unversehrt und erwarten tatendurstig den Beginn der Rundreise. Unser Bus lässt jedoch auf sich warten. Endlich kommt er mit Verspätung an und beim Einladen des Gepäcks und der Gäste erleben wir den ersten Konfliktmoment dieser Reise. Ein Herr aus der österreichischen Provinz hält mir sehr offensiv ein offizielles Schriftstück vom Flughafen Heathrow unter die Nase. Seine Erläuterung dazu erfolgt in einem mir nahezu unverständlichen Dialekt, denn ich komme aus Norddeutschland und spreche ein annähernd druckreifes Hochdeutsch. Das Dokument entpuppt sich als eine Vermisstenanzeige für seinen Koffer! Oh nein, denke ich, denn unweigerlich erinnere ich mich an meine bisherigen Erlebnisse mit fehlendem Gepäck. Ich weiß wirklich nur zu gut aus den vorherigen Jahren, wie lange eine Suche nach einem vermissten Koffer dauern kann.

Aber jetzt müssen wir endlich starten! Unsere Verspätung von 15 Minuten mag zunächst nicht so dramatisch erscheinen, aber sie bewirkt einen nicht zu unterschätzenden Dominoeffekt auf die nächsten Programmpunkte des Tages!

Das Gepäck zu verstauen ist allerdings schon eine erste logistische Herausforderung an unseren Fahrer. Warum mancher Gast für eine einwöchige Reise Gepäck mitnimmt, die für eine Weltreise nötig wäre, erklärt sich mir bis heute nicht. „Man muss ja auf alles gefasst sein, man weiß ja nie, wie das Wetter wird". Nun gut, das stimmt schon, vor allem in Schottland sollte man wettermäßig fast auf alle Jahreszeiten eingestellt sein. Dennoch ist Schottland kein Land, in dem fehlende Kleidung nicht gekauft werden könnte und das auch zu durchaus humanen Preisen.

Solidarität zwischen Mitreisenden ist zu Beginn einer Reise kaum vorhanden: „Wenn ich nicht mit meiner Frau zusammen sitzen kann, dann brechen wir die Reise ab!", teilt mir ein Gast empört mit. Diese Aussage strapaziert meine gute Erziehung dann doch zu sehr, als dass ich in dem Moment den Vorteil von zwei freien Plätzen sehe und mache gut Wetter bei meinen Gästen: „Bitte steigen Sie erst einmal ein, wir finden schon eine Lösung!" Das ist mein Bonmot (und bestimmt nicht nur meines!), um die Fahrt überhaupt erstmal beginnen zu können. Was danach kommt, da schauen wir mal…

Nun sitzen 49 Gäste in einem Bus mit 49 Sitzplätzen!

Drei meiner Gäste reisen als Singles und werden damit ungewollt zu einer großen logistischen Herausforderung für alle anderen Mitreisenden. Und zu diesem Zeitpunkt kann ich mir noch nicht vorstellen, wie sehr das für alle Beteiligten im Bus zu einer schweren Prüfung wird.

Am späten Mittag beenden wir unsere Stadtrundfahrt in Edinburgh mit vielen wunderbaren Eindrücken und nach etwas Freizeit im Zentrum der Hauptstadt Schottlands fahren wir weiter zu unserem nächsten Hotel nach Tyndrum.

Die erste Gelegenheit zur Lösung des Platzproblems hat sich schnell erledigt. Einer der vermissten allein reisenden Gäste erscheint mit einiger Verspätung doch noch am vereinbarten Treffpunkt. Zur Abfahrt zähle ich 49 Gäste auf 49 Plätzen, aber warum zähle ich überhaupt? Es müssen ja „nur" alle Plätze besetzt sein.

Mein Telefonat am Nachmittag mit der verantwortlichen Reiseagentur hat mir die etwas lapidare Information erbracht, dass jetzt Hauptsaison sei (Ach was!) und wir deshalb keinen anderen Bus bekommen könnten. Außerdem sei doch die „Auslastung der Sitzplätze" aus kaufmännischer Sicht optimal! Vielen Dank für diese Auskunft! Auch mein Anruf bei British Airways zum vermissten Koffer wirft leider nur Fragen auf, die ich in diesem Moment wahrlich nicht beantworten kann.

Nach dem Check-in im Hotel, in dem wir die nächsten drei Nächte verbringen werden, gibt es eine erste konspirative Besprechung seitens einiger Mitreisenden mit mir, um eine gutgemeinte Lösung des Sitzplatzproblems zu erreichen: „Wer am nächsten Morgen zuerst kommt, der sucht sich seinen Platz aus!". Ein toller Vorschlag! Leider verfehlt der aber vollkommen die Einstellung aller anderen Reisegäste! Für die gilt im Allgemeinen die Regel: „Das ist mein Sitzplatz, den habe ich mir am ersten Tag der Reise unter Einsatz meines Lebens erkämpft und den verteidige ich auch bis zum Ende der Reise! – Schließlich habe ich hier schon meine Regenjacke und mein Sudokuheft deponiert." Unzumutbar, das jetzt wieder zu ändern.

Da äußert sich bei erschreckend vielen Gästen eine typische „Handtuchmentalität", hier dann jedoch in Bezug auf die Sitzplätze im Bus. Bedauerlicherweise gibt es immer wieder Gäste, denen schlecht wird, wenn sie keinen Platz in den vorderen zwei Reihen im Bus bekommen. Diese Krankheit plagt auffallend häufig passionierte Fotografen! Auch ich habe so einen „Fall" unter meinen Gästen. Und das ist auch noch eine von den Alleinreisenden und nach ihrer Aussage kommt auf gar keinen Fall ein Platz im hinteren Teil des Busses in Frage! Na, da freue ich mich schon sehr auf den nächsten Morgen: Das „Hauen und Stechen" wird ganz sicher in die nächste Runde gehen! Aber jetzt gehen wir erst einmal zum Abendessen: Cheers and Goodnight!

Nach der Schlacht am Frühstücksbuffet gehe ich am nächsten Morgen zum Bus in der sicheren Erwartung einer weiteren Sitzplatzdiskussion, die auch nicht lange auf sich warten lässt. Einer meiner Gäste kommt zu mir mit der Beschwerde, dass sich die besagte Dame „auf seinen Platz" neben seine Frau gesetzt hat. Diese beharrt wiederum vehement auf ihrem Standpunkt, im hinteren Teil vom Bus könne sie nicht sitzen, da würde ihr schlecht werden - mir wird jetzt schlagartig auch etwas flau in der Magengegend! Soll sich denn diese unschöne Diskussion jeden Morgen wiederholen? Ich bitte den Herrn, zunächst jenen unbeliebten freien Platz in der letzten Reihe einzunehmen, wir müssen nämlich pünktlich eine Fähre erreichen und deshalb jetzt unbedingt losfahren.

Unser Tagesziel ist Tobermory auf der Hebrideninsel Mull. Zunächst geht die Fahrt nach Oban, mit ca. 8000 Einwohnern die größte Stadt in der Region und geprägt vom Hafen. Von hier starten die Fähren auf die inneren Hebriden, einer Inselgruppe an der Westküste Schottlands. Nach einer erst etwa 45-minütigen Fährfahrt kommen wir nach einer weiteren guten Stunde Busfahrt in Tobermory an, dem Hauptort auf der Insel. Dort findet der Besucher eine kleine Whiskydestillerie direkt am Hafen. Aber vor allem bestimmen die farbigen Häuser die pittoreske Ortskulisse.

Der Hafen von Tobermory

Nach einem Aufenthalt mit der Möglichkeit zum Fish & Chips-Essen geht es zurück auf das schottische Festland, wo für die Gäste noch Freizeit in der Hafenstadt Oban bleibt. Überragt wird der Ort von einer nicht vollendeten Nachbildung des Collosseums: McCaig's Tower. Das ist bezeichnend für die schottische Mentalität. Eine wirklich verrückte Idee, die der einst reiche Bankier John Stuart McCaig auch als Arbeitsbeschaffungsmaßnahme für diesen Ort begonnen hatte. Das Geld reichte aber nicht mehr für die Fertigstellung und somit ist heute die unvollendete Familiengedenkstätte ein beliebter Aussichtspunkt mit einem fantastischen Ausblick auf den Hafen und die Promenade. Aber für mich ist wieder ein Tagesprogramm gerettet und ich freue mich sehr. Ist das dort im Hafenbecken etwa ein Seehund? Wie niedlich…

Der nächste Tag beginnt harmlos, aber das verrückte Wetter wird uns noch einen Strich durch unsere Planung machen! Erst einmal wird jedoch das Tagesprogramm optimiert.

Um nicht dreimal die gleiche Strecke fahren zu müssen, drehen wir das Programm um. Am Morgen fahren wir zuerst die äußerst kurvenreiche Strecke auf der A82 entlang des nördlichen Endes vom Loch Lomond. Von dort aus geht es dann nach Inveraray und für den Rückweg wird noch ein Überraschungsfotostopp am Kilchurn Castle eingelegt, um anschließend wieder zum Hotel nach Tyndrum zu fahren. Alles läuft bestens, das Wetter spielt mit, die Gäste sind sehr zufrieden und glücklich über den Halt am Kilchurn Castle, einer malerischen Ruine und ein beliebtes Fotomotiv. Noch gute 30 Minuten Fahrt und wir wären zurück am Hotel… Dann kommen wir an die nächste Straßenkreuzung: Dort steht ein Polizeiwagen! Es geht nicht weiter, die Straße ist gesperrt, weil ein Feldfeuer unter Einsatz von Helikoptern gelöscht werden muss! Das bedeutet für uns: Wir müssen die ganze Strecke zurückfahren, also eine zusätzliche Fahrt von etwa zwei Stunden am Ende eines langen und schönen Tages. Nun ist Solidarität gefragt, Kekse und Bananen werden in die Runde geworfen, der einzige leicht genervte Einwand eines Gastes nach dem Motto: „Das ist ja ganz toll!" wird geflissentlich von allen anderen Gästen überhört und mit schottischer Musik laut übertönt! Wir kommen etwas erschöpft, aber als Solidargemeinschaft zurück zum Hotel. An diesem Abend macht die Hotelbar einen bemerkenswert guten Umsatz!

Am nächsten Morgen wiederholt sich der Kampf um die begehrtesten Sitzplätze: Die „problematische" Dame hat schon wieder ohne Rücksprache einen ihr genehmen Platz eingenommen und fühlt sich auch noch vollkommen im Recht! Diesmal kommt dann der männliche Single zu mir und fordert eine klare Ansage meinerseits in der Angelegenheit. Ich solle jetzt mal durchgreifen! Für mich ist in diesem Moment jedoch die Tatsache wesentlich magendrückender, dass unsere Fährverbindung von Mallaig auf die Isle of Skye nicht stattfinden kann: Denn die einzige Fähre, die einen Reisebus transportieren kann, ist in einer Werkstatt! Und meine lieben „Schäfchen" wissen noch gar nicht, dass für uns dieser Umstand eine zusätzliche mehrstündige Fahrt bedeutet und dann den Aufenthalt auf der „Insel des Nebels" erheblich verkürzen wird. Nach dem Motto: „Wie sage ich es meinem Kinde" im Hinterkopf fahren wir an dem Morgen also zunächst bei herrlichstem schottischen Regen durch das traumhaft schöne GlenCoe. Ich erzähle von der dramatischen Geschichte des Massakers, das vom Campbell-Clan 1692 an den MacDonalds begangen wurde und dem Tal den Beinamen „Tal der Tränen" eingebracht hat. Wir machen unseren unverzichtbaren Fotostopp und sehen einen Regenbogen! Na, wenn das nicht schön ist! Und wieder bewahrheitet sich das schottische Sprichwort: „Dir gefällt das Wetter nicht, dann warte einige Minuten!" Der nächste im Programm vorgesehene Stopp ist der Ort Glenfinnan auf halbem Weg zwischen Fort William und Mallaig. Das dortige Eisenbahnviadukt kennen alle „Harry Potter Fans". Hier fährt der "Jacobite Steam Train", benannt nach dem Jakobiter-Aufstand, da hier „Bonnie Prince Charlie" 1745 an Land ging und von hier aus seine Ansprüche auf den Thron geltend machte[2]. Vielen ist der Zug jedoch besser

---

[2] Der historische Hintergrund war die „glorius revolution" von 1688: der katholische Stuart- König James II/VII wurde ins Exil geschickt und der protestantische König Wilhelm III von Oranien inthronisiert. Die Anhänger von James, überwiegend aus den schottischen Highlands nannten sich Jakobiter – nach der lateinischen Version von James. Dessen Enkel Charles Edward Stuart, genannt „Bonnie Prince Charlie" versuchte den Thron zurückzuerobern. Nach anfänglichen großen Erfolgen endete das Vorhaben in einem großen Desaster mit der verheerenden Niederlage in der Schlacht von Culloden am 16. April 1746. Nachfolgend wurde alles verboten, was für uns heute „typisch schottisch" ist: Das Tragen des Kilts, das Spielen des Dudelsacks und auch die gälische Sprache.

bekannt als „Hogwarts-Express". In der Folge „Die Kammer des Schreckens" kommt es zu der atemberaubenden Verfolgungsszene, in der Harry und Ron versuchen, den Zug einzuholen.

Glenfinnan am Loch Shiel

Dort angekommen, muss ich jetzt die mir äußerst unangenehme Nachricht verkünden: Wir müssen leider zurückfahren bis Fort William und dann geht es über den Landweg und die Brücke auf die Isle of Skye! Vorsichtshalber gehe ich schon mal nahe der Tür in Deckung, um mich vor eventuellen Wurfgeschossen in Sicherheit zu bringen. Nun, sie haben mich dann doch nicht im Loch Shiel versenkt, sondern die Botschaft mit für mich erstaunlich viel Gelassenheit aufgenommen: „Warum versteckst du dich vor uns? Hast du etwa gedacht, wir würden dich hier erschlagen?" Naja, wir sind in Schottland... Ich bekomme immer mehr eine Ahnung davon, dass wir mittlerweile eine wirklich gut eingeschworene Gemeinschaft geworden sind!

Mittlerweile ist auch der Vorschlag von Seiten der Gäste aufgekommen, dass der unliebsame freie Platz in der letzten Reihe turnusmäßig halbtägig von Freiwilligen eingenommen wird.

Nun beginne ich, meine Gäste wirklich liebzugewinnen. Bei der Ankunft auf der Isle of Skye kommt der Niederschlag von allen Seiten, unser kurzer Stopp ähnelt mehr einem Überlebenskampf gegen den Regengott! Meine auf alles gefassten „Kämpfer" machen sich bestens ausgerüstet im Neoprenanzug auf die Jagd nach originellen Fotomotiven. Unerschütterlich nehmen sie die Herausforderung des horizontalen Niederschlags an und strotzen tapfer der windgepeitschten Sintflut! So liebe ich Sie, meine Gäste. Nur nicht unterkriegen lassen, „Braveheart" lässt grüßen, Schottland ist halt nichts für „Weicheier".

Ein Foto von der malerischen Steinbrücke mit heftigem Regen von vorne ist bestimmt auch ein

Schnappschuss mit großem Seltenheitswert, das kann wahrlich nicht jeder vorweisen.

Auf der Weiterfahrt zu unserem Hotel in Gairloch verwandelt sich unser Bus dann zunehmend in ein Dampfbad. Unser Fahrer gibt sein Bestes und wir kommen nach einer Fahrt auf zum Teil einspuriger Strecke, einem sogenannten single-road-track, gut gelaunt an unserem Hotel an. Ein Check-in im Regen ist wahrlich nicht toll, aber abends können alle dann ohne Regen den wunderbaren Strand vor dem Hotel genießen.

In den meisten Hotels ist für Paare ein Kingsize-Bett vorgesehen (das ist eine durchgehende Matratze und eine Bettdecke!), was vor allem bei den Paaren keine Begeisterung auslöst, die schon auf ein längeres Zusammenleben zurückblicken können. In den meisten Fällen höre ich also eher den Wunsch meiner Paare nach zwei getrennten Betten. Manchmal ergibt sich aber auch das Gegenteil. Vor dem Abendessen beschwert sich ein Herr bei mir, dass er schon wieder mit seiner Partnerin in zwei getrennten Betten schlafen müsse, die sich auch nicht gut zusammenschieben ließen. Da könnten sie ihre Zuneigung nicht richtig ausleben. Ehrlich gesagt, schildert er sein Problem sogar deutlich drastischer. Das ist natürlich ein dringliches Problem, das ein Reiseleiter unbedingt zu lösen hat... Und der vermisste Koffer ist auch immer noch nicht aufgetaucht. Mittlerweile hatte ich bereits mehrere Telefonate bei der Hotline der British Airways hinter mir und so langsam verlässt uns die Hoffnung. Wie gut, dass es jeden Tag einen Stopp an einer Sehenswürdigkeit mit „giftshop" gibt. Der Betroffene kommt täglich mit neuen T-Shirts zurück zum Bus.

Will British Airways etwa durch eine Verzögerungstaktik jetzt den schottischen Tourismus unterstützen? Als eine verspätete generöse Geste zur Entschädigung für das jahrhundertelange brutale Auslaugen und Auspressen Schottlands durch England? Nun, wohl eher nicht. Trotz allem verbringen wir einen wunderschönen Abend in Gairloch und starten am nächsten Morgen in Richtung Inverness. Die „Capital of the Highlands" zählt sicherlich nicht zu den schönsten Städten des Landes, ist aber ein Muss für alle, die in dieser Region unterwegs sind.

Am letzten Tag unserer Reise geht es morgens zunächst nach Pitlochry, dort wollen wir über die Mittagszeit eine Whisky-Destillerie besichtigen. Nach unserer Ankunft mache ich zunächst einen Spaziergang mit allen Wissbegierigen zum

Stauwerk und zur dortigen Fischtreppe. Das ist ein Rundgang von einer knappen Stunde bis zurück ins Ortszentrum. Da die Destillerie am Ortsrand liegt, fahren wir mit dem Bus dorthin mit dem Plan, dass wir anschließend wieder auf den Busparkplatz ins Zentrum fahren werden, um noch eine Mittagspause in dem wunderschönen Pitlochry zu verbringen. Am Nachmittag soll es dann mit einem weiteren Stopp an den Firth of Forth Brücken zum Hotel nach Livingston gehen, wo ich mich verabschieden will. Ich habe vor, von dort mit dem Zug nach Glasgow zu fahren. Dort habe ich ein Hotel gebucht, um am folgenden Tag von Glasgow zurück nach Deutschland zu fliegen.

Nun scheint eine Besichtigung einer Destillerie mit der damit verbundenen Probe in Form von einem „wee dram" – einem kleinen Schluck (der meist wirklich sehr klein ausfällt – in der Hinsicht erfüllen die Schotten das Vorurteil, geizig zu sein!) nicht jedem zu bekommen.

Auf dem Weg zum Parkplatz im Ortszentrum, einer Fahrt von etwa fünf Minuten, gebe ich die Abfahrtszeit für den Nachmittag bekannt. So wichtige organisatorische Zeiten wiederhole ich immer mehrfach! Trotzdem kommt dann ein Reisegast auf dem Parkplatz zu mir mit der Frage:

„Und wann fahren wir weiter?" Leicht konsterniert sage ich, dass die Uhrzeit doch mehrfach bekannt gegeben worden sei. Dieser Gast ist aber der felsenfesten Überzeugung, er habe nichts dergleichen erfahren. Also teile ich ihm die Uhrzeit selbstverständlich nochmal mit! Da wir kurz vor dem Ende der Reise sind, liegt mir jetzt auch nicht mehr so viel daran, zwei freie Plätze zu schaffen. Mich hat vielmehr der Ehrgeiz gepackt, die Tour zu einem glücklichen Ende zu bringen, vollzählig und mit unversehrten Gästen. Ein trotz aller Widrigkeiten und Pannen sehr schönes Ende der Reise ist für uns bereits in greifbarer Nähe!

Aber nach der Pause offenbart sich dieser Gedanke als Trugschluss! Wir wollen um 15 Uhr abfahren, zehn Minuten vorher sind fast alle Gäste am Bus, bis auf eine junge Singlereisende. Ob denn jemand wisse, wo sie wohl sein könnte, war meine Frage in die Runde. Die Antwort: „Ja, sie will noch mal die Runde vom Vormittag machen und hat sich kurz vor 15 Uhr auf den Weg gemacht" lässt mich jetzt doch fast meine Fassung verlieren. Was? Das dauert aber doch noch mindestens eine halbe Stunde!

Nach einigen hektischen Telefonaten kommt sie dann leicht aufgelöst zum Parkplatz und wir können vollzählig unsere letzte gemeinsame Fahrt zum Hotel antreten. Diese Fahrt wird dann aber nach wenigen Minuten zu einem mehrstündigen Stillstand kommen.

Auf der A9 Richtung Perth fahren wir genau so weit, bis die Straße wieder zweispurig wird und ab da staut es sich! Die Autos drehen um, Polizeiwagen fahren an uns vorbei. Der Busfahrer und ich, wir schauen uns fassungslos an und denken vermutlich beide: Das kann jetzt nicht wahr sein! Wahrscheinlich löst der Stau sich bald auf, die Hoffnung stirbt ja bekanntlich zuletzt. Aber er löst sich nicht auf. Ein schwerer Unfall hat sich kurz vor der Ortschaft Dunkeld ereignet, die Straße ist komplett gesperrt, Alternativstrecken sind für uns mit dem Reisebus nicht vorhanden. So reihen wir uns notgedrungen ein und machen das Beste aus der Situation.

Ein sehr schönes Gruppenfoto wird geschossen, Adressen ausgetauscht, alles an noch vorhandener Nahrung und die letzten Zigaretten werden in den Raum geworfen. Wir sind ja bereits eine leiderprobte Gruppe und diese Situation empfinden wir dann nur noch als Krönung unserer Pleiten-, Pech- und Pannenreise!

Insgesamt dauert unser unfreiwilliger Aufenthalt auf dieser Straße dann etwa 5 Stunden.

Erschöpft und auch erleichtert kommen wir gegen 22 Uhr in unserem Hotel an. Es gibt sogar noch etwas zu essen für uns und alle werden diese Reise sicherlich als unvergesslich im Gedächtnis behalten – zumindest ist sie das in meinem, was ich hiermit beweise!

Eilean Donan Castle

6. „Lady Annag MacZoch"

Auf geht es wieder nach Schottland und ich freue mich schon sehr! Es ist Anfang September 2018. Ich treffe meine Reisegruppe mit dem Busfahrer Georg an unserem vereinbarten Treffpunkt kurz vor der niederländischen Grenze.

Mit der komfortablen Nachtfähre von Amsterdam/Ijmuiden geht es nach Newcastle in Nordengland. Am nächsten Morgen fahren wir durch den schönen englischen Nationalpark Northumberland und die Grenzregion Borders. Vorbei an der schottischen Hauptstadt Edinburgh geht es über den Firth of Forth bis nach Pitlochry, unserem Standort für die Reise im Herzen von Schottland.

Von hier aus unternehmen wir sehr viele schöne Ausflüge, unter anderem auch an den legendären Loch Ness und nach Inverness. Diese Stadt bezeichnet sich selbst etwas großspurig als die Hauptstadt der Highlands, „the Capital of the Highlands". Und hier entscheide ich mich dann nach sanfter Einflüsterung meines Fahrers Georg, eine schottische Lady zu werden!

Schon auf vorherigen Reisen habe ich meinen Gästen erzählt, dass jeder, der es möchte, mit dem Kauf eines Grundstücks in Schottland die Möglichkeit hat, Lady oder Lord/Laird (das ist die schottische Version des Lords) zu werden, denn der Titel ist dort an einen Grundbesitz gebunden. Mittlerweile gibt es durchaus sehr viele geschäftstüchtige Land- und Titelverkäufer.

Bis zu dieser Reise hatte ich so einen Kauf für mich nicht in Bedacht gezogen, aber nun bin ich mit Georg unterwegs. Er hat sich in den Kopf gesetzt, Lord George zu werden und ich werde von seiner Begeisterung angesteckt!

Denn mit jedem Kauf eines noch so kleinen Grundstücks bewahrt der Käufer dieses vor unerwünschten Eingriffen und leistet damit auch einen Beitrag zur Bewahrung der ursprünglichen Landschaft Schottlands. Letztendlich ist es also eine Form von Landschaftsschutz und dient der Erhaltung der Wildnis in Schottland. Der Käufer kann somit zum Beispiel zum Schutz des dortigen Wildkatzenbestands oder anderer wildlebenden Tiere beitragen.

„Also ist es ja auch ein guter Beitrag zum Umweltschutz!", denke ich mir und gehe in Inverness nach dem Besichtigungsrundgang mit meinen Gästen los, um uns beiden die „Grundstücke" und damit die Titel zu kaufen.

In einem Andenkenladen in der Fußgängerzone, der von einem ausgewanderten Deutschen geführt wird, werde ich fündig. Dort bekomme ich alle notwendigen Unterlagen mit einer Zugangsnummer, mit der man sich auf der entsprechenden Homepage einloggt und registrieren lässt.

Das ist auch mit einem Fantasienamen möglich. Ich entscheide mich für „Lady Annag", der gälischen Koseform von Anna und dem Nachnamen MacZoch.

Anschließend wird mir als neuer Grundbesitzerin das persönliche Zertifikat zugeschickt. Für etwas mehr als 30 Pfund erwerbe ich somit ein Grundstück von etwa 30x30 Zentimeter, also ein „squarefoot", und darf mich deshalb nun als **Lady Annag MacZoch** vorstellen!

Die Vorsilbe „Mac" kommt aus dem Gälischen, der Ursprache der Schotten, und hat die Bedeutung: „Sohn von". Den Nachnamen „MacGregor" kann man also mit „Sohn von Gregor" übersetzen. Für Frauen gab es einst die entsprechende Vorsilbe „Nic" mit der Bedeutung „Tochter von". Die Namensgebung hat sich im Verlauf der Zeit verändert, Frauen nutzen mittlerweile auch die Vorsilbe „Mac" für ihren Familiennamen. Deshalb habe ich für mich den Fantasienamen „MacZoch" ausgewählt und registrieren lassen.

Lady oder Lord kann jeder mit seinem Wunschnamen werden:

https://www.highlandtitles.de/

Mehr zu Pitlochry und den Highland Games von Braemar…

Pitlochry *liegt etwa 30 Fahrminuten nördlich von Perth an der Straße A9, die eine wichtige Verkehrsader von Perth nach Inverness und damit quer durch das Land ist. Von Pitlochry heißt es, dass die Kleinstadt mit etwa 2800 Einwohnern im Herzen von Schottland liegt. Die zentrale Lage und das hübsche Zentrum, das schon mehrfach zum „Winner in Bloom" für die öffentlichen Blumenrabatten gekürt wurde, machen diesen attraktiven und gemütlichen Ort zu einem idealen Standort für Ausflüge in die Umgebung. Zwei Whisky-Destillerien, Edradour & Blair Athol, eine Fischtreppe am Loch Faskally mit neuem Besucherzentrum und das einst in den 1980ern von Prince Charles eingeweihte Festivalgebäude sind die Attraktionen des Ortes.*

*Ein Höhepunkt für alle Gäste in Schottland Anfang September ist bestimmt der Besuch der berühmten „**Highland Games**" von Braemar, die immer am ersten Samstag des Monats stattfinden. Das sind vor allem Sportwettkämpfe in zum Teil recht ungewöhnlichen Disziplinen. Aber auch „Sehen und gesehen werden", Sammeln für* wohltätige Zwecke und letztendlich viel Spaß und gute Laune bestimmen die Stimmung in der beschaulichen Kleinstadt in den Cairngorm Mountains. Mit etwa 900 Einwohnern ist der gemütliche Ort in der Hauptreisesaison jedoch eher auf Touristen aus der Wander- und Outdoor-Fraktion eingestellt. Die allgegenwärtige Musikkulisse an diesem Tag ist überwiegend von Dudelsäcken geprägt und sorgt für ein „typisch schottisches" Flair. Die vielen Festivalbesucher in ihren Kilts und teilweise recht exotischer Aufmachung mit Raubtierfellen über den Schultern wie auch die Ladys in Gummistiefeln und mit Hüten á la Ascot sind bestimmt nicht nur für die Nichtschotten eine wahre Augenweide.

Braemar ist Austragungsort der sicherlich berühmtesten „Highland Games" in Schottland! Gäste aus aller Welt und viele Besucher aus der näheren Umgebung wollen dabei sein, wenn sich die Athleten den doch etwas eigenwilligen und zum Teil auch recht ungewöhnlichen Disziplinen stellen.

Diese Spiele gehen vermutlich ins 11. Jahrhundert zurück und waren einst ein Anlass, die schnellsten und stärksten Kämpfer für den König zu ermitteln. Geadelt sind die Spiele von Braemar seit dem

Besuch von Queen Victoria Mitte des 19. Jahrhunderts. Die hielt sich sehr gerne im etwa 15 Kilometer entfernten Schloss Balmoral auf. Seitdem ist es Tradition, dass die Queen Anfang September in diesem Schloss ihren Urlaub verbringt und die Spiele in Braemar besucht.

Gegen 15 Uhr ist es dann soweit. Die Absperrungen an den Straßen sind aufgestellt und die vielen Besucher hoffen auf ein besonders gutes Foto!

Die königliche Limousine kommt!

Das Eintreffen der Queen mit ihrer Entourage wird jedes Jahr gebührend zelebriert. Der Aufmarsch zu ihrer Begrüßung mit den scheinbar unzähligen „Drums & Pipe" Bands (Schlagzeug und Dudelsack) ist überwältigend und garantiert den Besuchern eine Gänsehaut! Allein der Geräuschpegel ist beeindruckend. Danach erklingt die britische Nationalhymne und die Queen sowie ihre Begleitung nehmen ihren Ehrenplatz im festlich geschmückten Königspavillon ein.

Mit viel Spaß und Humor werden die Besten in den jeweiligen Disziplinen ermittelt und gekürt: Zu sehen sind unter anderem Wettläufe über unterschiedliche Distanzen sowie Tauziehen, Steinstoßen, Hammerwerfen und auch Tänze mit einer besonders komplizierten Schrittfolge. Allgegenwärtig sind die unüberhörbaren Töne der Dudelsäcke!

Der nachmittägliche Höhepunkt ist zeitgleich mit dem Besuch der Queen das „Tossing the Caber", das Baumstammwerfen! Vermutlich ist diese spezielle Sportdisziplin entstanden in einer Zeit vor unserer modernen Infrastruktur von Wegen und Straßen, als Soldaten im unwegsamen Gelände improvisierte Brücken bauen mussten. Dann wurden Bäume gefällt und die Baumstämme über die Flüsse geworfen: Je näher diese genau aneinander lagen, umso besser war eine anschließende Überquerung der Soldaten gewährleistet. Heute ist es das Ziel der Wettkämpfer, die ca. 50 bis 60 Kilogramm schweren Baumstämme so zu werfen, dass diese sich einmal komplett im 180 Grad Winkel überschlagen und dann im Idealfall auf einer exakt geraden Position zum Liegen kommen: In früheren Zeiten hätten sie dann so eine ideale Brücke gebaut.

Heute geht es mehr um eine ganzheitliche Unterhaltung. Die jeweiligen Wettkämpfe werden zwar mit einer durchaus ernsthaften sportlichen Disziplin absolviert, aber Spaß und Unterhaltung stehen im Vordergrund der Veranstaltung. Große Freude kommt bei den Besuchern immer dann auf, wenn das „Sackhüpfen" der Kinder startet. Das findet ebenfalls in Anwesenheit der Queen statt, die daran offensichtlich viel Spaß hat. Ihre Aufgabe ist es dann auch, den Siegern der jeweiligen Disziplinen die Auszeichnung zu überreichen. Anschließend wird die Queen selbstverständlich gebührend verabschiedet: Ein großes Aufgebot an Musikern (natürlich wieder Drums & Pipes) begleitet die Limousinen der königlichen Besucher bei der Abfahrt unter großem Beifall und „standing ovations"!

Der ganze Ort ist an diesem Tag eine einzigartige Kulisse und Bestandteil dieser außergewöhnlichen Veranstaltung, die in einer erstaunlich entspannten Atmosphäre verläuft. Am Wegesrand in den Ort versammeln sich in den Gärten der Privathäuser die Familien und deren Freunde zum Picknick mit exklusiver Aussicht auf das bunte Geschehen.

Viele Stände von Wohltätigkeitsorganisationen säumen die Straße, da wird dann gesammelt, zum Beispiel für Blindenhunde und der Rotary Club hat ebenfalls einen Stand im Ortszentrum. Hier kann jeder mit einem nur kleinen Einsatz würfeln und hat die Chance, eine Riesenflasche Whisky zu gewinnen!

Und an der Ecke vor dem Kriegerdenkmal an der Brücke steht, wie jedes Jahr, der urige Gitarrenspieler. Er ist ein wahrhaftes Original, das an diesem Tag nicht fehlen darf.

Es ist das Gesamtflair, das den kleinen gemütlichen Ort an diesem Tag zu einer einzigartigen Schaubühne macht. Und die besondere Atmosphäre ist von der Abwechslung geprägt: Es ist die wunderbare Mischung aus dem royalen Besuch am Nachmittag mit den äußerst engagierten und sympathischen Anwohnern sowie den vielen Gästen aus aller Welt! Der Mix aus Lokalkolorit und internationalem Flair macht die besondere Stimmung aus! Und das alles verläuft sehr entspannt und gelassen, ohne besondere Sicherheitsvorkehrungen oder eine spürbare Einschränkungen für die Besucher.

Diese Spiele, auch „Haferflockenolympiade" genannt, finden mittlerweile im ganzen Land und auch im Ausland statt: Aber für mich werden die Spiele von Braemar immer die einzig wahren „Highland Games" bleiben!

**Das legendäre Baumstammwerfen:
Tossing the Caber!**

7. „Agentin 0076 in geheimer Mission"

Ich bin Lady Annag, geheime Geheimagentin Ihrer Majestät mit der Geheimnummer 0076. Demnächst werde ich auch Einsätze in Irland und in Südengland übernehmen, aber ich mag den „Sprung ins kalte Wasser" nicht! Vor meinen Aufträgen möchte ich immer unbedingt wissen, was mich vor Ort erwartet, und am liebsten alles kennenlernen. Wie gehe ich in diesem Fall am besten vor?

Da kommt mir eine gute Idee! Für meine berufliche Fortbildung in Hinblick auf zukünftige Einsätze buche ich eine organisierte Gruppenreise nach Irland und Südengland. Ich melde mich inkognito an als normaler Reisegast. „Besser geht es doch nicht", denke ich mir, „du kannst davon doch nur profitieren und wirst sehr viel lernen. Das wird bestimmt in jeglicher Hinsicht eine äußerst interessante Erfahrung." Meinen Mitreisenden und vor allem auch der Reiseleitung gegenüber will ich mich wie eine ganz normale Reiseteilnehmerin verhalten. „Undercover" unterwegs zu unbekannten Zielen auf einer organisierten Gruppenreise, das wird spannend.

Am Flughafen von Dublin begrüßt uns unser Reiseleiter. Ich bin gespannt auf diese Reise und auch auf meine Mitreisenden! Jetzt lehne ich mich im Bus aber erst einmal entspannt zurück und lasse alles auf mich zukommen. In den nächsten Tagen werde ich sicherlich viele neue und wertvolle Erfahrungen als Gast einer Gruppenreise machen.

Nach der Ankunft in unserem Hotel am Stadtrand von Dublin steht an diesem Nachmittag kein weiteres gemeinsames Programm mehr an. Ich erkunde dann möglichst unauffällig (das dachte ich zumindest, denn ich treffe auf meinem Erkundungsgang einige meiner Mitreisenden) die nähere Umgebung unseres Hotels und kaufe etwas Verpflegung für die nächsten Tage ein.

Das Abendessen am Anreisetag nehmen wir, wie auch an den folgenden Tagen, ohne unseren Reiseleiter ein. Für mich ist das kein Problem, da ich die landestypischen Gepflogenheiten von meinen vorherigen Einsätzen sehr gut kenne. Aber meine Mitreisenden sind irritiert und es kommt zu einer zeitlichen Verzögerung bei unserer ersten gemeinsamen Mahlzeit. Da ich nach dem langen Tag mittlerweile Hunger habe, erkläre ich meinen Mitreisenden, dass Getränke wie Bier und Wein zum Essen immer vorab an der Bar geholt werden müssen und keine Bestellung der Speisen aufgenommen wird, solange nicht alle Gäste vollzählig an den Tischen sitzen.

Am nächsten Tag machen wir eine Stadtrundfahrt mit anschließendem Stadtrundgang in Dublin, der Nachmittag ist zu unserer freien Verfügung.

Am Ende des offiziellen Programmes lädt mich unser Reiseleiter zum Kaffee ein. Mit leichtem Befremden nehme ich diese Einladung an. Meine Tarnung will ich aber nicht aufdecken und hoffe, mit einer verdeckten und getarnten Befragung an Spezialinformationen über Irland zu kommen. Das von mir anvisierte „Fachgespräch" über Irland findet zu meinem Bedauern ein schnelles Ende. "Das weiß ich nicht, aber es ist ein echt interessanter Gedanke, damit muss ich mich mal zukünftig beschäftigen", ist die Antwort auf meine Fragen. Das ist schade für mich, denn ich erkenne, dass ich auf diesem Weg keine näheren Spezialinformationen bekommen werde und belasse es dann bei diesem einen Versuch.

Am nächsten Tag geht unsere Rundreise durch Irland erst richtig los, nach dem Frühstück fahren wir quer durchs Land nach Galway an die

Westküste. Das Wetter ist typisch irisch, sehr wechselhaft. Ich entdecke ein neues „Hobby" und führe ab dem Tag eine Strichliste über die vielen Regenbögen, die wir unterwegs sehen: Allein an diesem Tag sind es immerhin sieben!

Wir erfahren auf der Fahrt leider auch, dass aufgrund des starken Windes unsere Bootsfahrt am Nachmittag zu den Klippen of Moher nicht stattfinden kann. Als Ersatz dafür wird für alle Gäste ein Stopp am dortigen Besucherzentrum eingelegt. Ich freue mich über den spontanen Programmwechsel und genieße die phantastische Aussicht.

**Die geheime Geheimagentin Lady Annag 0076
inkognito an den Cliffs of Moher**

Das Meer ist heute sehr aufgewühlt und die Gischt erreicht mich in einer Höhe von etwa 120 Metern. Der Ausblick an diesem spektakulären Punkt im Westen Irlands ist großartig!

Die frühe Ankunft gegen 17 Uhr im Hotel, das etwa 45 Minuten fußläufig außerhalb des Ortszentrums von Ennis liegt, verleitet mich wie auch einige meiner Mitreisenden, vor dem Abendessen die Hotelbar aufzusuchen und uns mit dem örtlichen Getränkeangebot[3] vertraut zu

---

[3] Wir haben die Qual der Wahl unter diversen irischen **Whiskeys**, die sich von den schottischen unterscheiden in der Schreibweise mit dem „e" und einer dreifachen Destillierung. Dadurch sind sie eher etwas milder. Die wohl erfolgreichsten Namen sind Jameson, Tullamore Dew und Bushmills aus Nordirland.
Das bekannteste **irische Bier** dürfte das „Guinness" sein, ein obergäriges Schwarzbier mit cremefarbiger Schaumkrone, das als „Stout" bezeichnet wird. Bestimmt genauso gut, aber etwas weniger berühmt, ist das „Murphy's" aus Cork.
Mein bevorzugtes erstes Getränk ist meistens ein „Cider", ein erfrischend fruchtiges Bier, das aus Äpfeln hergestellt wird. Die namhaften irischen Marken sind „Magners" und „Bulmers". Eine Entscheidung für eines der vielen obergärigen „Ales" fällt doch sehr schwer: Es gibt zum Beispiel das recht bekannte „Kilkenny" oder das „Smithwick's".

machen. Es wird dann noch ein sehr lustiger und kurzweiliger Abend im Pub des Hotels.

Am nächsten Tag fahren wir in den Killarney Nationalpark zum Muckross House und verbringen dort einen erlebnisreichen Tag. Auf einer Kutschfahrt durch den wunderschönen Park darf ich mich unverhofft als Assistentin unseres Kutschers beweisen und erfahre am Ende der Rundfahrt, dass unser Zugpferd nach seinem Arbeitstag immer ein Guinness trinkt. Ich bin beeindruckt und auch berührt von dieser speziellen Form des irischen Nationalpatriotismus. Wie kurios und besonders liebenswert ist das denn: Ein Kutschpferd, das ein typisch irisches Feierabendbier genießt! Von mir bekommt es einen Apfel.

Unsere nächste Nacht verbringen wir in Waterford an der Südküste. Die Anfänge dieser Stadt liegen ebenso wie auch für die der Städte

---

Das untergärige und schwach bis mittel gehopfte Lager ist heute in Irland das meistkonsumierte Bier: Heineken Irland hat den größten Anteil am Lager-Umsatz in Irland. Weitere bekannte irische Lagerbiere sind Harp Lager (aus der Guinness-Brauerei) und Carling LagerKinsale Irish Lager.

Dublin, Limerick, Cork und Wexford in der Zeit der Wikinger.[4] Um 5 Uhr klingelt das Telefon, und jeder Gast wird mit einem Weckruf an unsere zeitige Abfahrt erinnert. Nach einem sehr frühen und eher schlaftrunkenen Frühstück fahren wir zur Fähre, die uns von Irland nach Wales bringen wird. Wir verabschieden uns in der einsetzenden

---

[4] Die **Wikingerzeit** umfasste einen Zeitraum von etwa 300 Jahren, als Anfang gilt der Überfall des Klosters Lindisfarne vor der Nordostküste Englands im Jahr 793. Nach der Phase der Raubfahrten kam es zu Siedlungs- und Handelsniederlassungen. Die Normandie in Nordfrankreich ist nach den „Nordmännern" benannt. Mehrfache Belagerungen von Paris veranlassten den französischen König schließlich zum Einverständnis für eine Niederlassung der Wikinger an der Mündung der Seine. Das Ende der Wikingerzeit wird mit dem Jahr 1066 datiert: Wilhelm der Eroberer war ein Nachfahre des ersten sesshaften Nordmanns der heutigen Normandie und war als Nachfolger des englischen Königs vorgesehen. Jedoch gab es noch andere Anwärter auf den englischen Thron. Wilhelm hatte erst den Ausgang der Schlacht von Stamford Bridge bei York in Mittelengland abgewartet: Harold Godwinson besiegte dort Harald Hadradar aus Norwegen. Nun musste dieser seine geschwächten und erschöpften Truppen in einem Gewaltmarsch so schnell wie möglich nach Hastings an die Südküste senden und dort unterlag er dann Wilhelm.

Morgendämmerung von unserem sympathischen irischen Fahrer mit einem gut gefüllten Umschlag und herzlichen Dankesworten.

Am Fähranlieger erfahren wir, dass in Kürze ein Kofferwagen für unser Gepäck vorfährt und wir dann anschließend mit einem Bus auf die Fähre fahren werden – den genauen Zeitpunkt für die Abfahrt bekommen wir allerdings zu unserem Bedauern nicht mitgeteilt. Für mich als geheime Geheimagentin ist das ja wieder mal ein sehr spannender Moment, den organisatorischen Ablauf hier am Fährterminal für zukünftige Einsätze kennenzulernen. Unser Reiseleiter geht ins Terminalgebäude mit dem Hinweis an uns, wir können dort noch gerne die WCs aufsuchen. Der Gepäckwagen kommt schon sehr bald und wir geben unsere Koffer auf, dann gehen alle nach und nach ins Terminalgebäude. Unser Reiseleiter ist zu dem Zeitpunkt noch nicht wieder zurückgekehrt, also kümmern wir uns auch um seinen Koffer. Aber die Unterlagentasche nimmt ein Gast lieber mit ins Terminal, um sie ihm persönlich zu überreichen. Als ich kurz darauf hineingehe, kommt er mir entgegen und ich frage ihn, ob die Zeit noch für einen Kaffee reicht. Seine Antwort ist recht ungehalten. Hat er etwa schlecht geschlafen? Wie ich anschließend erfahre, ist er nicht erfreut über das Mitbringen seiner Unterlagentasche. Zum Dank wird dieser hilfsbereite Gast sehr unhöflich zurechtgewiesen. Wir wollten ihm doch nur einen Gefallen tun! Auf der Fähre wird er dann während der mehr als dreistündigen Fahrt nach Wales nicht mehr gesehen.

Kurz vor unserer Ankunft am Ziel im walisischen Fishgard treffen wir uns auf dem uns als Treffpunkt angegebenen Autodeck. In Abgasen stehend warten wir ebenso wie auch der Reiseleiter. Auf unsere Fragen reagiert er nicht und signalisiert mit seiner Körperhaltung vielmehr: „Sprecht mich bloß nicht an!" Wir sind jetzt etwas irritiert… Nach längerer Wartezeit wendet er sich an einen Fährmitarbeiter und wir gehen die Treppe hinauf, auf der es jedoch bald wieder stockt. Wieder fragt ein Gast nach wenigen Minuten: „Was machen wir hier? Wieso geht es nicht weiter?" Die Reaktion von unserem Reiseleiter ist nur ein schwaches Achselzucken. Seine Sympathiewerte landen jetzt auf einem Tiefpunkt. „Für den brauchst du nicht zu sammeln", raunt mir einer meiner Mitreisenden zu. Irgendwann erreichen wir das Tageslicht, fahren mit einem Bus aus der Fähre in das Terminalgebäude und nehmen dort unser Gepäck entgegen. Es fehlt jedoch ein Koffer! „Erstmal gehen alle zum Bus, vielleicht ist er ja dort", ist unsere Ansage. Aber er wird erst wesentlich später im Terminal wieder gefunden. Mit großem Zeitverlust fahren wir endlich los. Dadurch wird sich unser Aufenthalt in Cardiff verkürzen, wie wir zu Fahrtbeginn erfahren. Um 17 Uhr kommen wir im Hotel an, das bei Newport an der Autobahn M4 liegt, unser Abendessen ist um 19 Uhr und die Hotelbar macht erneut einen guten Umsatz.

Am nächsten Morgen sind wir alle zum vereinbarten Zeitpunkt für das Verladen des Gepäcks am Bus und könnten pünktlich losfahren: Es fehlt allerdings unser Reiseleiter! Nach einigen Minuten Wartezeit frage ich unseren Fahrer, ob er denn nicht eine Telefonnummer von ihm hat. Damit gefährde ich zwar meine Tarnung als Geheimagentin in dem Moment schon sehr und schalte mich auch in einen Sachverhalt ein, mit dem ich im Grunde nichts zu tun habe, aber unser Tagesprogramm ist ja in Gefahr. Und das will ich als Gast und als geheime Geheimagentin jetzt aus purem Eigennutz retten! „Nein, habe ich nicht" ist die Antwort unseres Fahrers. Also gehe ich kurzentschlossen an die Hotelrezeption und lasse unseren Reisleiter anrufen: Nach mehrmaligem Klingeln erhalte ich die Auskunft, er hat verschlafen und kommt dann in 10 Minuten. Ok, das kann jedem einmal passieren, aber nach den Vorkommnissen am Vortag ist das wahrlich nicht sehr vorteilhaft für ihn.

Am Nachmittag besichtigen wir das Castle Cothele, der Eintritt dafür war Teil eines Ausflugspaketes und nicht alle Gäste hatten das vorab gebucht. Drei der Mitreisenden möchten sich gerne noch nachträglich anschließen, unser Reiseleiter bringt sie dann verdächtig schnell durch den Kassenbereich. Ich kann es jetzt nicht unterlassen, doch etwas genauer nachzufragen: Und ja, sie haben tatsächlich keinen Eintritt bezahlt! Auf unserem Rundgangs durch das Castle bekommen wir im Schlaftrakt dann folgende abstruse Information: „Die Eheleute hatten getrennte Schlafzimmer, weil die Frauen schnarchten!" Höre ich richtig? Ist das wirklich ernst gemeint? Ist das nicht meist umgekehrt der Fall? Das sind meine Gedanken in dem Augenblick. Weitere Erläuterungen dieser Art sorgen für ungläubiges Kopfschütteln. Wie gut nur, dass ich inkognito unterwegs bin! Das denke ich zumindest bis zu diesem Zeitpunkt.

Denn an diesem Nachmittag lasse ich mich von einer meiner Mitreisenden zu einem „Outing" unter vier Augen verleiten: „Was machst du eigentlich die ganze Zeit? Du bist doch kein normaler Reisegast, permanent schreibst du alles mit und prüfst alles nach? Bist du vielleicht ein Reisetester?" Da meine Tarnung scheinbar doch lückenhaft ist, offenbare ich mich ihr als geheime Geheimagentin und erzähle, dass ich diese Reise als berufliche Fortbildung mache und mir viele Anregungen für meine zukünftigen Einsätze notiere.

Die nächsten zwei Nächte verbringen wir in Plymouth an der englischen Südküste. Am nächsten Morgen kommt es dann zu einer kuriosen Situation auf einer Fähre über den Fluss Tamar, der die Grenze zu Cornwall bildet. Kurz vor Erreichen des Fähranlegers erhalten wir den organisatorischen Hinweis, wir könnten auf der Fähre aus dem Bus aussteigen und dort dann auch die WCs benutzen. Nach dieser Ansage stehen fast alle Mitreisenden auf und warten geduldig im Mittelgang vom Bus. Ich sitze allerdings weit hinten im Bus und denke: „Das lohnt sich für mich nicht. Wenn ich ausgestiegen bin, kann ich auch gleich wieder einsteigen, die Fahrt wird nur ca. 10 Minuten dauern." Nach etwa 5 Minuten Fahrt fragt einer der Gäste leicht ungehalten: „Wann können wir aussteigen?" „Wir können die Tür nicht öffnen", kommt als lapidare Auskunft von unserem Reiseleiter. „Na dann vielen Dank für diese späte Information!", ist dann die leicht ungehaltene Antwort von dem Reisegast. „Was war denn das jetzt?", fragen sich in dem Moment wahrscheinlich alle. Für mich ist das eine weitere Lektion zum Thema mangelhafte Kommunikation, meine Mitreisenden bedauere ich in dem Moment doch sehr! Wie wichtig gute und klare Kommunikation und Informationen in so einer Situation sind, wird mir jetzt noch einmal sehr deutlich vor Augen geführt, ich würde es anders machen…

Begeistert bin ich über den Halt zur Mittagszeit am „Lands End", den wir unserem Busfahrer zu verdanken haben. Das ist der äußerste Punkt im Südwesten der britischen Insel, das nordöstliche Pendant ist „John o'Groats" in Schottland. Die Verbindung der beiden Orte bedeutet die größtmögliche Straßenentfernung auf der Insel von gut 1406 Kilometern, das entspricht in etwa der Entfernung von Hamburg nach Monaco. Mit der touristischen Infrastruktur ist „Lands End" in den Hauptreisezeiten sicherlich recht überlaufen. Der Besuch vom idyllischen St. Ives, einer wahren „Pilcherkulisse", rundet am Nachmittag unseren Aufenthalt in Cornwall ab.

Am Südwestende der britischen Insel

Diese Reise ist eine sehr wertvolle Erfahrung für mich: Als Gast einer organisierten Gruppenreise habe ich alle Facetten so einer Reise erlebt. Mit meinen vielfachen Erkenntnissen und den unzähligen Anregungen zu einem mir bis dahin unbekannten Einsatzgebiet freue ich mich schon auf meine zukünftigen Einsätze in Irland und Südengland!

Ich habe jedenfalls sehr viele Inspirationen bekommen, wie ich meine Reisen in Zukunft zu diesen Zielen gestalten werde...

Nicht mehr ganz so inkognito am Lands End in Cornwall

8. „Mit einem Troll in Lappland"

Wer glaubt, dass es Trolle nur in Norwegen und Island gibt, der irrt sich. Auch in Schweden glaubt man an diese faszinierenden Wesen! Wer durch die zauberhafte Landschaft fährt, sieht mit viel Phantasie unzählige Trolle!

Ich bin davon überzeugt, in Schweden schon mehrfach einigen begegnet zu sein und in meinen Reisegruppen sind bestimmt schon viele Trolle gewesen! Ich bin sicher, dass ich auch vor nicht allzu langer Zeit mit einem Troll in Lappland unterwegs war... Was mich davon überzeugt hat, erzähle ich jetzt in meiner persönlichen Geschichte:

„Es war einmal eine frohgemute Reiseschar, die in den hohen Norden Europas gereist ist, um das eisige und fast menschenleere Lappland in Schweden zu erkunden. Die tapfere Anführerin dieser Unternehmung war einen Tag zuvor mit einem Zug der Deutschen Bahn losgefahren und kam erstaunlicherweise sogar ohne Verspätung an ihrem Ziel an! Sehr früh am nächsten Morgen trafen die wackeren Helden noch etwas schlaftrunken am Versammlungsort zusammen, um gemeinsam zum Flughafen zu fahren.

Die Anführerin bemerkte schon sehr bald, dass sich wohl ein Troll in ihrer Reiseschar befand und dachte bei sich: „Hoffentlich geht das gut. Aber vielleicht ist er nicht gar so schlimm… Ich helfe ihm ein wenig und dann wird sich bestimmt alles fügen." Also unterstützte die tapfere Anführerin den Troll bei der ersten Prüfung an der Sicherheitskontrolle vom Flughafen und musste dabei feststellen, dass er keine Strümpfe trug! „Oh je", dachte sie, „hoffentlich ist es nicht so kalt wie sonst in Lappland, sonst frieren dem Troll vielleicht die Zehen ab! Sicherlich sind noch Strümpfe im Gepäck für die richtig kalten Tagen, und dann wird auch alles gut werden".

Frohen Mutes und voller Erwartung stiegen in Lappland alle wagemutigen Helden in die bereitgestellte Großraumkutsche, die sie durch eine verschneite Wintertraumlandschaft zunächst zum Polarkreis brachte. Dort stiegen alle aus und begrüßten die Polarregion, die sie dann ja in den nächsten Tagen emsig erkunden wollten. Nur noch wenige Kilometer trennten die beherzten Recken von der Kleinstadt Jokkmokk, ihrem gemütlichen Quartiersstandort. Hier konnten sie dann endlich auch ihre warme und sichere Unterkunft für die kommenden Tage beziehen und sich zünftig stärken.

Nach einer erholsamen Nacht startete die Reiseschar ausgeruht und voller Vorfreude zu einer sehr langen Unternehmung, die sie noch weiter in den eisigen Norden bringen sollte, sogar bis in die nördlichste Stadt des Landes. Es ging zunächst nach Kiruna und dann zu einem faszinierendem Quartier aus Eis und Schnee, dem berühmten „Icehotel". Die wackeren Helden wollten aber doch gar zu gerne auch Beweise über ihr spezielles Abenteuer sammeln. Deshalb machten die Recken einen ersten Halt an einem Aussichtspunkt, um viele Bilder von der wunderschönen Landschaft anzufertigen. Unser Troll tat sich doch gar zu schwer damit, aus der Kutsche auszusteigen und dann erzählte er treuherzig der tapferen Anführerin, dass er noch bis vor kurzem gar nicht wegfahren konnte. Dieses Abenteuer sei eine schwere Prüfung für ihn! Er wollte jetzt herausfinden, ob so eine Reise überhaupt wieder für ihn möglich sei. Zwar habe ihm sein Kind von dieser Unternehmung tunlichst abgeraten, aber dieser Troll war doch sehr mutig und äußerst zuversichtlich, dass alles gut gehen würde. Und außerdem hatte ihm eine hilfsbereite Mitgefährtin ja auch schon „Gehhilfen" für die Schuhe geliehen, damit konnte dann nichts mehr schiefgehen. „Wo hat denn die tapfere Anführerin ihr Schuhwerk erstanden? Sind die denn auch gut und günstig hier in Lappland zu bekommen?" war die Frage vom Troll in dieser Pause. Nun, die tapfere Anführerin hatte ihre Schuhe allerdings zu Hause gekauft. Sie dachte bei sich, dass der Troll sich für so eine Prüfung doch besser ein anderes Reiseziel ausgesucht hätte. Der tapferen Anführerin wurde immer mehr klar, dass sich dieser Troll vorab gar nicht mit dem Reiseziel Lappland beschäftigt hatte.[5]

---

[5] Kaum ein Reisegast ahnt, dass in Schweden in den kleineren Orten und Städten nur eine Grundversorgung in Gesundheitszentralen gewährleistet wird, während man vor allem in Lappland mitunter weite Entfernungen bis zum nächsten Krankenhaus zurücklegen muss. Von unserem Hotelstandort in Jokkmokk sind es knapp 100 Kilometer bis zum nächsten Krankenhaus! Es ist auch schon vorgekommen, dass Gäste sehr überrascht waren von der früh einsetzenden Dämmerung (je nach Reisetermin ist die sehr unterschiedlich: im Dezember dämmert es bereits ab 13.30 Uhr) und den Minusgraden, die wegen der trockenen Kälte im ersten Moment gar nicht als so besonders kalt empfunden werden. Nach wenigen Minuten werden diese dann durchaus schmerzhaft spürbar! Und bei unzureichender Kleidung kann es tatsächlich zu unangenehmen Erfrierungen kommen.

Den nächsten Tag verbrachte die Reiseschar überwiegend im gemütlichen Jokkmokk und konnte eine traumhaft verschneite Winterlandschaft genießen. Zur Mittagszeit fuhren die beherzten Recken zu einer Rentierfarm. Alle Abenteurer freuten sich schon sehr auf das Treffen mit den Rentierzüchtern Helena und Rickard Länta. Um die Tiere sehen und füttern zu können, musste sich die Gesellschaft in das Wildgehege begeben und hatte dort durchaus auch mit Tiefschnee zu kämpfen. Unser engagierter und äußerst hilfsbereiter Kutscher hatte einen der modernen Motorscooter zum Transport für unseren Troll eingesetzt. Ohne seinen Einsatz wäre es für diesen Troll auf dem unwegsamen Gelände wirklich schwierig geworden. Den guten Rat: „Bitte aufpassen und auf der Spur bleiben!" befolgte er nicht, denn Trolle können sehr eigensinnig sein und so versank er auch prompt im Tiefschnee! Die „Bergung" ging dann nur mit vereinten Kräften vonstatten, ein Troll kann ganz schön schwer sein. Die Fahrt mit dem motorisierten „Kettenvierrad" war für ihn offensichtlich eine große Freude. Sein Gebaren erinnerte mich leicht entfernt an das der Königin vom Inselreich Großbritannien. Dass unser Kutscher bei der Fahrt ganz schön jonglieren musste, hatte der Troll überhaupt nicht wahrgenommen. Nur zu gut, dass unser Kutscher sich als wahrer Held auf dem „Kettenvierrad" bewiesen hat!

Die Hundeschlittenfahrt am nächsten Tag war bestimmt für alle waghalsigen Reisegefährten ein richtiger Höhepunkt auf dieser Unternehmung. Eine Prüfung war für einige jedoch das Anlegen der notwendigen Schutzausrüstung mit Overall und kältetauglichen Schuhen. Selbstverständlich hatte die tapfere Anführerin ihren Weggefährten beim Ankleiden geholfen. Auch hier gab es für sie eine weitere schwere Prüfung zu meistern: Der Troll kam wieder barfüßig! Auch einige andere Teilnehmer der Unternehmung wunderten sich sehr darüber. „Mein Medizinmann freut sich aber immer, wenn ich komme ", war die lapidare Bemerkung des Trolls. Am Nachmittag hatten die waghalsigen Recken dann noch eine Wanderung entlang einer spektakulären Stromschnelle unternommen. Fast alle Wagemutigen begaben sich mit der tapferen Anführerin dieses Abenteuers auf einen zum Teil vereisten Weg und bewiesen ihre Tapferkeit und Entschlossenheit, allen Gefahren und Widrigkeiten zu strotzen. Aber dieser Weg war wahrlich nicht für Jedermann geeignet. Einige Helden überwanden diesen schwierigen Weg lieber gefahrlos in der Großraumkutsche. Das freudige Wiedersehen am Aussichtspunkt war dann geprägt von der allgemeinen Erleichterung, dass alle diese Herausforderung sehr gut gemeistert und unbeschadet überstanden hatten.

Am nächsten Tag standen zwei besonders schöne Unternehmungen in Jokkmokk an. Ohne den Troll hätten das alle auch gut ohne die Großraumkutsche bewältigen können, aber der war sehr schwer zu Fuß unterwegs. Und deshalb hatte sich unser aufmerksamer Kutscher bereit erklärt, die Recken komfortabel per Bus zu ihren Zielen zu bringen. In der örtlichen Zinnmanufaktur hat die interessierte Reiseschar viele Informationen über die Anfertigung der hochwertigen Produkte erhalten. Der Rundgang durch die Produktionsstätten endete im Verkaufsraum mit einer weiteren besonders eindrucksvollen Zurschaustellung der traditionellen Handwerkskunst. Der Troll konnte das Ende des Rundgangs gar nicht abwarten und hat sich schon während der letzten Präsentation mit dem Kauf seines Reiseandenkens befasst. Die Schwierigkeiten bei seiner Begleichung der Zahlschuld mit der modernen Plastikkarte ergaben eine ziemlich störende Geräuschkulisse…

Die nächste Station der Unternehmung war ein wunderbares Museum. Dort stieg der Troll ohne seinen wärmenden Umhang aus. Allen Helden war ein Rücktransfer mit der Großraumkutsche ins Quartier angeboten worden, allerdings erst 2,5 Stunden später! Als einige andere Abenteurer den Troll fragten, ob es nicht angebracht sei, seinen wärmenden Umhang mitzunehmen, reagierte der nur achselzuckend. Nach einer Einführung durch die tapfere Anführerin konnten die Recken die umfangreiche und sehr abwechslungsreiche Ausstellung über die Bergwelt Lapplands und vor allem über die Geschichte und Kultur der Sami auf eigene Faust erkunden. Nach einiger Zeit traf die Anführerin im Verkaufsraum des Museums auf den heldenhaften Teilnehmer dieser Unternehmung, der sich in den vergangenen Tagen aufopferungsvoll und geduldig um den Troll gekümmert hatte. Dieser saß schon auf der Bank am Museumseingang. Die Großraumkutsche sollte noch lange nicht kommen! „Sind Sie denn schon mit dem Helikopter geflogen?" fragte die tapfere Anführerin den Troll. Es gibt nämlich eine sehr schöne Flugsimulation im Museum, die dem Besucher sehr anschaulich die Gebirgsregion Lapplands nahebringt. Die Antwort vom Troll dazu war: „Nein, aber wann kommt die denn jetzt endlich?" Der Troll wartete wohl etwas ungeduldig auf seine hilfsbereite Weggefährtin aus der Reiseschar. Abends war dann eine Unstimmigkeit zwischen den beiden bemerkbar, der Troll hatte die Hilfsbereitschaft wohl etwas überstrapaziert…

Zur Erleichterung der tapferen Anführerin hat der Troll diese Reise ohne Erfrierungen oder sonstige Schäden überstanden. Er hatte dabei aber mehr Glück als Verstand, denn die Temperaturen in Lappland waren sehr mild um den Gefrierpunkt statt der sonstigen Minusgrade von bis zu -20 Grad.

Dieser Troll war für alle Beteiligten der Unternehmung sicherlich eine große Prüfung, die aber von allen mit viel Tapferkeit und Gemeinschaftssinn gemeistert wurde!

Vielen lieben Dank an Frau K. für ihre aufopferungsvolle Unterstützung, das zusätzliche „Trollpaket" hatte sie ganz bestimmt nicht mitgebucht!

Mehr über Lappland...

In **Kiruna**, der nördlichsten Stadt Schwedens, haben wir uns die sehenswerte Holzkirche angeschaut, deren Architektur von einem Samizelt und von norwegischen Stabkirchen inspiriert ist. An der Ausgestaltung der Kirche beteiligten sich u. a. Prinz Eugen mit einem Altarbild sowie Christian Eriksson mit der Figur „Georg als Drachentöter", einem Relief an der Fassade und zwölf Statuen auf dem Dach, die menschliche Gefühle symbolisieren, darunter Zärtlichkeit, Liebe, Mitleid und Verzweiflung. Die Kirche wurde 1912 fertiggestellt und war einst als eine der schönsten Kirchen Schwedens auch Motiv einer Briefmarke.

Kiruna wurde zu Beginn des 20. Jahrhundert sehr nahe an einer der größten Eisenerzminen der Welt errichtet. Der Name stammt vom nordsamischen Wort giron, der Bezeichnung für Schneehuhn, das im Stadtwappen zu sehen ist. 1948 wurde die Gemeinde Jukkasjärvi, zu der der Ort Kiruna gehörte, in Kiruna umbenannt und zur Stadt erhoben. Nun droht die Stadt aufgrund der Bergschäden einzubrechen. Der 2014 vorgelegte Umzugsmasterplan sieht eine schrittweise Übersiedlung der Stadt Kiruna bis 2033 vor, um die unter der Stadt liegenden Eisenerzvorkommen abbauen zu können. Die Kirche soll dabei erhalten und an einem neuen Standort wieder aufgebaut werden.

Das weltberühmte **ICEHOTEL** in Jukkasjärvi wird jeden Winter neu aufgebaut und schmilzt im Verlauf des kommenden Frühjahrs. Das Baumaterial stammt aus dem Fluss „Torneälv". Im März werden die fast glasklaren Eisblöcke geerntet und im Gefrierhaus bis zur nächsten Wintersaison gelagert. Künstler aus aller Welt bewerben sich, um die Zimmer zu gestalten und es ist immer wieder faszinierend, welche fantastischen Ideen umgesetzt werden. Es gibt mehrere Gebäude: das vergängliche Hotel und das ganzjährige Haus 365 mit Icebar und Luxussuiten.

Mit einer Solaranlage auf dem Dach wird ausreichend Strom für die Kühlanlage gewonnen, vor allem im Sommer, wenn die Sonne für einen Zeitraum von mehreren Wochen gar nicht untergeht: dem sogenannten Polartag. Außerdem befinden sich auf dem Gelände auch kleine Holzhütten für Übernachtungsgäste, eine Rezeption mit Lobby zum Aufwärmen und ein festes Gebäude mit sanitären Einrichtungen und Frühstücksraum.

Die Kleinstadt **Jokkmokk** mit heute etwa 2800 Einwohnern ist das traditionelle Winterlager der Rentierzüchter dieser Region. Die erste Siedlung geht auf das Jahr 1602 zurück. König Karl IX. ordnete die Anlage einiger Marktplätze im Norden Schwedens an, um die verstreut lebende indigene Urbevölkerung der Sami zum Handel, zur Steuereintreibung und Missionierung leichter erreichen zu können. Jokkmokks „Vintermarknad", der Wintermarkt, wurde erstmals 1605 abgehalten. Seitdem findet er bis heute an jedem ersten Donnerstag, Freitag und Samstag im Februar jedes Jahres statt und ist für die Bewohner der Höhepunkt des Jahres. Es kommen mittlerweile bis zu 40.000 Besucher. Während des Wintermarktes sind sämtliche Unterkünfte in

Jokkmokk und Umgebung Monate im Voraus ausgebucht: 2021 gibt es keinen Wintermarkt!

Die Eigenbezeichnung der indigenen Bevölkerung Nordeuropas ist **Sami** *und bedeutet „Sumpfleute". Ihr Siedlungsgebiet bezeichnen sie als „Sapmi". Nach eigenen Angaben gibt es etwa 70.000 Sami, davon leben etwa 40.000 in Norwegen, ca. 20.000 in Schweden, etwa 8000 in Finnland und ungefähr 2000 in Russland. Die Bezeichnung „Lappen" hat sich aus dem Altfinnischen als Fremdbezeichnung mit der Bedeutung „Randbewohner" entwickelt und hatte damit von Anfang an auch einen negativen Beigeschmack. Heute gilt die Bezeichnung „Lappen" als politisch nicht korrekt. Die Unterdrückung und Ausbeutung zog sich über viele Jahrhunderte hin. Seit den 1980er Jahren gibt es ein neues Selbstbewusstsein, das sich in einer Flagge (seit 1988) und den jeweiligen Samiparlamenten (in Schweden seit 1993 in Kiruna) wiederspiegelt. Viele aktuelle Konflikte mit den „Siedlern", den dort hingezogenen Schweden und Neubewohnern und damit den Nutznießern vor allem der vorhandenen Bodenschätze (Eisenerz, Wasser, Wald), sorgen heute für reichlich Konfliktstoff! Die traditionellen Wegestrecken der Rentiere werden durch Straßen, Wasserkraftwerke und der Forstwirtschaft sehr* stark beeinträchtigt. Die Sami leben heute in einem Spagat zwischen den Anforderungen der Moderne und ihrer traditionellen Lebensweise. Es gibt etwa 2500 Familien in Schweden, die ausschließlich von der Rentierzucht leben.

Helena Länta in traditioneller Arbeitskleidung

Rentiere gehören wie die Elche zur Familie der Hirsche. Aber nur bei den Rentieren gibt es auch Weibchen mit einem Geweih, damit sie die Futterplätze im Winter besser verteidigen können. Sie sind dann in der Lage, durch eine Schneeschicht von mehreren Metern ihr Futter von Moosen und Flechten aufzuspüren. Die zunehmend milden Winter mit abwechselndem

Tauwetter und Minusgraden sorgen aktuell für sehr große Probleme für die Rentierzüchter: Durch die Vereisungen können die Tiere ihr Futter nicht mehr aufspüren und erreichen!

Bei den Wanderungszeiten im Frühjahr und Herbst kommen zum Teil mehrere Tausende Tiere zusammen, am Zielgebiet sind es jeweils Kleinherden von 10 bis 15 Tieren, bestehend aus entweder Weibchen oder Männchen im Kleinrudel. Im Herbst findet die „Rentierscheidung" statt. Die Rentiere werden „sortiert", die Besitzer erkennen ihre Tiere an der individuellen markanten Ohrmarkierung. Dann werden die Tiere ausgesucht, die zur Schlachtung bestimmt sind. Für die Sami ist sehr wichtig, möglichst alles vom Rentier zu verwerten: das Fleisch, das Fell, das Geweih − daraus werden unter anderem die traditionelle Kleidung und auch die Griffe an den Messern hergestellt. Die Rentiere sind der stolze Besitz der Sami. Niemals sollte ein Besucher fragen, wie viele Rentiere ein Züchter hat, denn das käme einer Frage zur Offenlegung der Finanzen gleich! Wenn ein Tier geschlachtet werden muss, soll möglichst alles verwertet werden. Nachhaltigkeit wird bei den Sami schon immer gelebt, Verschwendung konnten sie sich noch nie erlauben!

9. Länderinfos: warum dorthin reisen?

Die Geschichte der jeweiligen Länder ist hier nicht aufgeführt, die erzähle ich lieber persönlich auf meinen Reisen ☺...

Schweden:

Mit Schweden verbinde ich rote Holzhäuser, endlose Wälder, hunderttausende Seen, Elche, grandiose Küstenlandschaften, sehr freundliche und entspannte Einwohner des Landes, ein umfassendes Sozialsystem und nicht zuletzt die Heimat von Astrid Lindgren und von Henning Mankell.

Das schwedische Staatsgebiet umfasst den östlichen Teil der Skandinavischen Halbinsel und die Inseln Gotland und Öland. Schweden ist seit 1995 Mitglied der Europäischen Union mit der schwedischen Krone als Landeswährung, jedoch nicht Mitglied der NATO und militärisch bündnisfrei. Die Hauptstadt und zugleich bevölkerungsreichste Stadt des Landes ist Stockholm mit etwa 976.000 Einwohnern, im Großraum leben gut ein Fünftel der etwa 10 Millionen Schweden. Die zweitgrößte Stadt ist Göteborg mit ca. 580.000, an Platz drei liegt

Malmö mit etwa 317.000 Einwohnern, der Süden des Landes ist am dichtesten besiedelt.

Schweden grenzt an die Staaten Norwegen und Finnland sowie an die Ostsee und den östlichsten Teil der Nordsee. Die im Jahr 2000 eröffnete Öresundbrücke ist eine direkte Landverbindung zu Dänemark. Schweden hat etwa 221.800 Inseln, Gotland (2994 km²) und Öland (1347 km², beide in der Ostsee) sowie Orust (346 km², nördlich von Göteborg) sind die drei größten. Die längste Ausdehnung des Landes von Norden nach Süden beträgt 1572 km, von Osten nach Westen 499 km. Die längsten Flüsse sind der Torne älv (522 Km), der Dalälven (520 Km) und der Klarälven (460 Km), die größten Seen sind der Vänern (5650 km²), der Vättern (1900 km²) und der Mälaren (1140 km²).

Während der letzten Eiszeit ist die heutige Landschaft Schwedens mit den zahlreichen Seen, Flüssen und Wasserfällen entstanden. Die sogenannte Landhebung begann nach dem Abschmelzen der Eismassen, die die Erdkruste niedergedrückt hatten, und hat seit der letzten Eiszeit (ungefähr 10.000 v. Chr.) zu einer Erhebung der Landmasse von 800 m geführt. Heutzutage beträgt die Landhebung bis zu 10–11 mm jährlich an der Höga Kusten in Nordschweden, in der

Stockholmer Gegend sind es jährlich etwa 6 mm. Weite Teile des Landes sind flach bis hügelig, entlang der norwegischen Grenze erreichen die Gebirgsmassive über 2000 m Höhe. Der höchste Berg Schwedens ist der Kebnekaise mit etwa 2100 m. Durch die Landhebung sind auch die vielen Schären entstanden. Niemand weiß genau, wie viele es wirklich sind...

Noch in der ersten Hälfte des 19. Jahrhunderts war Schweden ein ausgeprägter Agrarstaat, in dem 90 % der Bevölkerung von der Landwirtschaft lebte. Erst in der zweiten Hälfte des 19. Jahrhunderts setzte eine umfassende Industrialisierung ein, die bis zur Weltwirtschaftskrise von 1929 die Grundlagen für die moderne Industriegesellschaft legte.

Die Industrialisierung basierte anfänglich auf gutem Zugang zu Rohstoffen und der Verarbeitung an Ort und Stelle: Beispielsweise von Eisenerz mit den Hütten in Mittel- und Nordschweden, sowie einer Vielzahl an Sägewerken entlang der Nordostküste. Erst in den 1890er-Jahren bildete sich eine fortschrittliche Werkstattindustrie vor allem in Mittelschweden heraus: zum Beispiel Nobel AB, ASEA (heute ABB), LM Ericsson, Alfa Laval, SKF. Nach dem Zweiten

Weltkrieg wurde Schweden zu einer der führenden Industrienationen der Welt: IKEA und SAAB, VOLVO und SCANIA sind hier zu nennen.

Auch die Kultur- und Unterhaltungsbranche ist von schwedischen Namen geprägt: ABBA, Europe, Roxette hatten große internationale Erfolge; Selma Lagerlöf (die erste Frau, die den Nobelpreis für Literatur bekam), Astrid Lindgren, Henning Wallander, Håkan Nesser, Stieg Larsson und Jonas Jonasson sind nur einige international bekannte und erfolgreiche Autoren. In der Theater- und Filmbranche sind August Strindberg, Ingmar Bergman und Greta Garbo namhafte Größen.

Die Entwicklung der Wirtschaft erreichte in der Mitte der 1960er-Jahre ihren Höhepunkt, seit den 1970er-Jahren geht die Anzahl der Beschäftigten in der Industrie zurück, seitdem nimmt der Dienstleistungsbereich zu.

Zwischen 1890 und 1930 wurden die Grundlagen für das schwedische Sozialsystem geschaffen. Nach der Regierungsübernahme der Sozialdemokratischen Arbeiterpartei 1932 kam es zum Aufbau des Wohlfahrtsstaates als politisches Projekt, das seit den 1970er Jahren als „schwedisches Modell" bekannt ist. Das schwedische Sozialsystem erfasst alle: Vom Kleinkind über die kommunale Kinderfürsorge bis zum Rentner über die kommunale Altenfürsorge. Das letzte Jahrzehnt im 20. Jh. brachte einschneidende Veränderungen.

Die Wirtschaftskrise zu Beginn der 1990er Jahre führte zu Kürzungen von Sozialleistungen, mit der demographischen Entwicklung kam es zu einem radikalen Umbau des Rentensystems, das nun an die wirtschaftliche Entwicklung gekoppelt ist.

Das Königreich Schweden ist eine parlamentarische Monarchie, seit 1973 ist König Carl XVI. Gustaf das Staatsoberhaupt. Seine Aufgaben sind rein repräsentativ und zeremoniell, er hat keine politischen Machtbefugnisse und nimmt nicht am politischen Leben teil. Seine Nachfolge wird dann irgendwann die sehr beliebte Kronprinzessin Victoria antreten.

Und zum Schluss noch eine kurze Information zum bekanntesten Bewohner der schwedischen Wälder. Viele Besucher Schwedens hoffen ja auf eine Begegnung mit den Königen der Wildnis, aber ein Treffen mit Elchen in freier Wildbahn ist mit viel Glück meist nur in der Dämmerung am späten Abend oder am sehr frühen Morgen wahrscheinlich. Ein garantiertes Elcherlebnis hat ein Besucher nur in einem der vielen Elchparks. Und was es mit den roten Holzhäusern auf sich hat, erzähle ich dann in Schweden! ☺

Lappland:

Im Idealfall wird meine Ankunft in Lappland im Winter mit einem ersten Blick aus dem Flugzeugfenster auf eine Wintertraumlandschaft belohnt. Nach einem etwa dreistündigen Flug aus Deutschland kann ich jetzt eine eisige und vor allem saubere Luft einatmen. Für mich ist die Stille und Weite der Landschaft sowie die Freundlichkeit der Menschen der besondere Reiz von Lappland.

Eine genaue räumliche Definition von Lappland ist sehr schwierig. Zum einen sind das die historischen Provinzen/Regionen in Schweden und in Finnland. Auch das Siedlungsgebiet „Sapmi" der indigenen Bevölkerung, der Sami, kann mit Lappland gleichgesetzt werden. Diese Region erstreckt sich von Norwegen, Schweden und Finnland bis zur Kola-Halbinsel in Russland und umfasst auch Bereiche südlich des Polarkreises.

Sami ist die Eigenbezeichnung der indigenen Bevölkerung, die Bezeichnung „Lappen" gilt heute als politisch nicht korrekt.

Es ist eine Fremdbezeichnung und bedeutet „Randbewohner", dadurch hat der Begriff einen eher negativen Beigeschmack. Die Sami hatten nie eine eigene Staatlichkeit, ihr Leben war und ist auch heute bei den Rentierzüchtern hauptsächlich von den jahreszeitlich bedingten Wanderungen der Rentiere geprägt.

Seit dem erstarkenden Bewusstsein in den 1980er Jahren ist die Sami-Flagge immer häufiger zu sehen, die Sami bilden jedoch eine Minderheit in der Bevölkerung von nur etwa 4%.

Im Bereich der Musik gibt es mittlerweile einige erfolgreiche Interpreten, die Aufmerksamkeit auf die Anliegen der Sami lenken wie zum Beispiel Marie Boine aus Norwegen, Sofia Jannok, Maxida Märak, und Jon Hendrik Fjällgren aus Schweden. Ein großes Thema ist der Umweltschutz. Die wirtschaftliche Ausbeutung der Ressourcen mit der Forstwirtschaft aber auch die Wasserenergie und vor allem der Bodenschätze stellen ein gravierendes Eingreifen in die Natur dar und damit auch in die Wanderwege der Rentiere. Die

Forstwirtschaft ist vor allem in Schweden und Finnland von großer wirtschaftlicher Bedeutung, aber auch die traditionelle Rentierzucht der Sami. Der Schwerpunkt sind jedoch die Bodenschätze wie das Eisenerz in Schweden (in Gällivare und besonders in Kiruna mit einer der größten Minen der Welt), Kupfer in Norwegen sowie Nickel und Apatit in Russland.

„Sameting" ist die nordische Bezeichnung für die parlamentarischen Vertretungen der Sami in Finnland (seit 1973), Schweden (seit 1993) und Norwegen (seit 1989). Diese Institutionen haben die Aufgabe, die kulturelle Selbstbestimmung des Minderheitenvolkes umzusetzen. Der Name orientiert sich an den alten germanischen Thing-Versammlungen. Eine alternative, international gebräuchliche Bezeichnung ist „Sami-Parlament". Die Kola Sámi-Versammlung ist eine gewählte Versammlung, die 2010 vom samischen Volk der Kola-Halbinsel in Russland nach dem Vorbild der Sámi-Parlamente in den nordischen Ländern gegründet wurde, wird aber von der russischen Regierung nicht anerkannt.

Lappland ist extrem dünn besiedelt: Es gibt ca. 2 Einwohner pro km², die Mehrheit lebt in den Städten an der Küste, außerhalb der Städte gibt es so gut wie keine Bevölkerung. Wer die Einsamkeit und Stille sucht, sollte nach Lappland reisen!

An der Ostsee ist die Taigalandschaft flachwellig, Berghöhen von gut 2000 Metern gibt es im Fjäll an der schwedisch-norwegischen Grenze, auf der Halbinsel Kola in Russland erreichen die Höhen bis zu 1200 Meter. Die größten und längsten Ströme Lapplands sind der Torneälven (Schweden: 410 Km), der Piteälven (Schweden: 400 Km), der Luleälven (Schweden: 450 Km), der Kemijoki (Finnland: 550 Km) und der Ivalojoki (Finnland: 180 Km).

Die größten Städte sind Kiruna (Schweden: ca. 17.000), Gällivare (Schweden: 8.500), Tromsø (Norwegen: ca. 77.000), Narvik (Norwegen: 21.850), Rovaniemi (Finnland: 63.000), Irani (Finnland: 6.900) und Murmansk (Russland: 307.257).

Der Golfstrom begünstigt die norwegische Küste: Narvik ist ganzjährig eisfrei, der Bottnische Meerbusen, die nördliche Ostsee, friert im Winter zu. Das Klima variiert von kühl-gemäßigt an der Westküste über kalt-gemäßigt bis zu subpolar und kann sehr extrem sein. Im Verlauf des Jahres können die Temperaturen von plus 30 Grad bis zu deutlich weniger als minus 30 Grad schwanken. Niederschlagsreicher ist es im Westen. Je weiter man nach Osten kommt, umso trockener und kontinentaler wird das Klima. Die aktuelle globale Erwärmung vollzieht sich in Lappland doppelt so schnell wie in den südlicher liegenden Gebieten mit entsprechend drastischen Veränderungen vor allem für die Rentierzüchter. Im vergangenen Winter war es sehr mild, immer wieder gab es Tauwetter. Der anschließende Frost führte zu Vereisungen und die Rentiere konnten kein Futter finden: das ist ein sehr großes Problem für die Rentierzüchter!

Die Tierwelt in Lappland ist geprägt von Rentieren und Elchen, die beide zur Familie der Hirsche gehören. Außerdem gibt es Bären, Wölfe, Luchse und den Vielfraß, einer Marderart. Das sind die natürlichen Feinde der Rentiere, wie auch die Adler. Der Polarfuchs hat aufgrund der Klimaveränderung immer größere Konkurrenz durch den vom Süden eingewanderten Rotfuchs bekommen. Der sogenannte boreale Nadelwald wird von Fichten und Kiefern geprägt. An geeigneten Standorten wachsen auch Laubbäume wie Birken, Ebereschen, Pappeln, Espen und Weiden. Weiter im Norden beherrschen Moose und Flechten die karge und eher baumlose

Landschaft. Die orangene Moltebeere (Hjorton schwedisch und Lakka finnisch) sieht aus wie eine Brombeere, hat einen herb bitteren Geschmack (ähnlich wie der norddeutsche Sanddorn) und ist eine Besonderheit aus Lappland.

Großbritannien:

Das Vereinigte Königreich von Großbritannien und Nordirland, kurz Vereinigtes Königreich mit der internationalen Abkürzung UK oder GB, ist der größte Inselstaat Europas. Das Vereinigte Königreich ist eine Union aus den vier Landesteilen England, Wales, Schottland auf der Hauptinsel und Nordirland. Die britische Flagge (der „Union Jack" oder auch „Union Flag" genannt) ist eine Kombination aus den Flaggen Englands, Schottlands und Nordirlands.

Mit rund 66,4 Millionen Einwohnern steht UK bzw. GB nach Russland und Deutschland an dritter Stelle der bevölkerungsreichsten Staaten Europas.

Es ist Gründungsmitglied der NATO sowie der Vereinten Nationen, Atommacht, ständiges Mitglied des UN-Sicherheitsrates und einer der G7-Staaten. Von 1973 bis 2020 war Großbritannien Mitglied der EWG bzw. der

Europäischen Union. Das Ergebnis des Referendums am 23. Juni 2016 führte zum Austritt aus der Europäischen Union, dem sogenannten Brexit. Die Regierung hat ebenso wie die königliche Familie ihren Sitz in der britischen Hauptstadt London.

Einige Territorien stehen in enger Verbindung zum Vereinigten Königreich, sind aber völkerrechtlich davon abzugrenzen. Das betrifft die Isle of Man und die Kanalinseln, die als Besitztümer der britischen Krone kein Bestandteil des „Vereinigtes Königreich" sind.

Das Commonwealth of Nations ist eine Vereinigung unabhängiger Staaten, die heute als Nachfolger des British Empire gesehen werden kann. Die Gründung war Anfang des 20. Jahrhunderts eine Reaktion auf die Autonomiebestrebungen seiner Dominions (Kanada, Südafrika, Australien und Neuseeland) und sollte diese dadurch an das Empire binden. 1926 wurde festgelegt, dass die „Dominions" autonome Gemeinschaften innerhalb des British Empires sind, mit gleichen Rechten, in keiner Weise anderen untergeordnet, aber als Mitglieder des Commonwealth verbunden durch die Treue zur Krone. Nochmals niedergeschrieben wurde der Status der Mitgliedstaaten 1931. Rein konstitutionell gesehen bestand die einzige Verbindung zwischen dem Vereinigten Königreich und den Dominions in der Treue zur Krone. Mit den Beitritten von Indien (1947), Ceylon (heute Sri Lanka) (1948) und Pakistan (1949), die vor ihrer Unabhängigkeit zu Britisch-Indien gehörten, entstand das moderne Commonwealth (New Commonwealth). Diese Veränderungen wurden in der Erklärung von London 1949 festgehalten. 1952 wurden die bisherigen Dominions umbenannt in Commonwealth Realms. 1957 trat mit der ehemaligen britischen Kolonie Goldküste/Ghana erstmals ein mittelafrikanisches Land dem Commonwealth bei. Heute umfasst das Commonwealth of Nations 54 Mitgliedstaaten.

England:

England ist mit etwa 130.400 km² der größte und am dichtesten besiedelte Landesteil im Vereinigten Königreich und umfasst den südlichen Abschnitt der Insel Großbritannien.

London (fast 9 Mio. Einwohner) ist die Hauptstadt Englands und auch des gesamten Vereinigten Königreichs. Englands Bevölkerung von über 55

Millionen Einwohnern macht fast 85 % des Vereinigten Königreichs aus.

England hat im Gegensatz zu Schottland, Wales oder Nordirland weder ein eigenes Landesparlament noch eine eigene Landesregierung. Die Aufgaben werden vom Parlament und der Regierung des Vereinigten Königreiches wahrgenommen.

England praktiziert den freien Markt, hat eine fortschrittliche Infrastruktur und gehört in Bezug auf Inflation, Zinsniveau und Arbeitslosigkeit zu den stärksten Regionen Europas. Die offizielle Währung Englands ist das Pfund Sterling. Es wird von vielen Staaten als Währungsreserve gehalten und gilt nach dem US-Dollar und dem Euro als eine der wichtigsten Währungen der Welt. England macht den größten Teil der Wirtschaft in Großbritannien aus, vor allem, weil London eines der weltweit größten Finanzzentren ist/war. Das Land ist führend in den Bereichen der chemischen und technischen Industrie, insbesondere in der Luft- und Raumfahrt, der Rüstungsindustrie und der Software-Industrie. Die Bank of England, 1694 gegründet, ist die Zentralbank des Vereinigten Königreiches.

Die Geographie des Landes ist geprägt durch niedrige Hügel und Ebenen, vor allem im zentralen und südlichen England. Der höchste Berg in England ist der Scafell Pike in den Cumbrian Mountains mit 978 Metern. Der längste und bekannteste Fluss des Landes ist die Themse (346 Km). England hat aufgrund des Golfstroms ein eher feuchtes und auch warmes Klima. Im Vergleich zu Ländern, die auf dem gleichen Breitengrad liegen, weist England ein wärmeres Klima auf und hat ein abwechslungsreiches Wetter, das von sowohl warmer Subtropikluft als auch kalter Polarluft beeinflusst wird.

Nordirland:

Seit 1921 ist Nordirland ein Teil des Vereinigten Königreichs und besteht aus sechs der neun Grafschaften der historischen irischen Provinz Ulster im Norden der Insel. Nordirland ist dichter bevölkert als die Republik Irland und hat einen höheren Industrialisierungsgrad.

Die nordirische Küste ist etwa 500 km lang. Die Insel Rathlin im Nordosten gehört zu Nordirland. Die Grenze zur Republik Irland ist fast 500 Kilometer lang. Der Flächenanteil an der gesamten irischen Insel liegt bei etwa 16 Prozent, der Anteil der Bevölkerung hingegen bei knapp 30 Prozent.

Es gibt drei Höhenzüge: im Nordwesten die Sperrin Mountains, im Nordosten das Antrim Plateau (höchste Erhebung ist der Trostan, 551 m), im Südosten die Mourne Mountains (852 m). Der größte See in Nordirland und damit auch der der Britischen Inseln ist der Lough Neagh westlich von Belfast mit 392 Quadratkilometern Fläche und einer maximalen Tiefe von 25 m. Ein sehenswertes Naturdenkmal ist der Giant's Causeway, der „Damm des Riesen", mit rund 40.000 Basaltsäulen am Meer, geschützt und betreut durch den National Trust an der Nordküste von Antrim.

Nordirland gehört zum Vereinigten Königreich, ist aber nicht Teil Großbritanniens. 1972 wurde das Nordirlandministerium (Northern Ireland Office, Abk. NIO) in London geschaffen, das von einem Minister oder einer Ministerin geleitet wird. Das Ministerium ist verantwortlich für die Bereiche Strafgerichtsbarkeit und Justizvollzug, Polizei und für die Fürsorge für Opfer politisch motivierter Verbrechen.

In Nordirland gibt es das Büro der Exekutive („First Minister and deputy First Minister von Nordirland") sowie zehn Regional-Ministerien für die Bereiche Landwirtschaft, Kultur, Kunst und Freizeit, Bildung, Umwelt, Finanzen und Personal, Gesundheit, Wirtschaft, Beschäftigung und Fortbildung und Regionalentwicklung und soziale Entwicklung. Mit dieser Konstruktion sollte den Ministerien der Republik Irland ein Gegengewicht in Belfast geschaffen und somit ein Zusammenwachsen Irlands gefördert werden. Das Vereinigte Königreich subventioniert die Ausgaben der nordirischen Regierung mit mehr als neun Milliarden Pfund jährlich.

Die größte protestantische Gemeinschaft ist die calvinistisch-reformierte Presbyterianische Kirche mit etwa 19 Prozent. Sie ist schottischer Herkunft und wird dort als „Church of Scotland" bezeichnet. Die „Church of Ireland" ist anglikanisch, aber anders als in England besteht seit 1871 keine Staatskirche mehr. Etwa 250.000 Menschen (14 % der Bevölkerung) rechnen sich zur anglikanischen Gemeinschaft der „Church of Ireland", deren Erzbischof in Armagh residiert und auch für die etwa 70.000 Mitglieder in der Republik Irland zuständig ist. Etwa 41 % der Nordiren bezeichnen sich als römisch-katholisch.

Der Sitz des Primas von ganz Irland befindet sich ebenfalls in Armagh. Der katholische Primas und die Irische Bischofskonferenz sind gesamtirische Institutionen.

Irland:

Die Republik Irland umfasst etwa fünf Sechstel der gleichnamigen Insel sowie eine Vielzahl kleinerer vorgelagerter Inseln. Hauptstadt und größte Stadt Irlands ist Dublin. In der Metropolregion Dublin lebt etwa ein Drittel der insgesamt etwa 5 Millionen Einwohner. Irland grenzt im Norden an Nordirland und damit an das Vereinigte Königreich und ist seit 1973 Mitglied der Europäischen Union. Der Großteil der Bevölkerung bekennt sich zum römisch-katholischen Glauben.

Das lange Zeit verarmte und daher von Auswanderung betroffene Irland hat sich inzwischen zu einer hochmodernen, in manchen Gegenden multikulturellen Industrie- und Dienstleistungsgesellschaft gewandelt. Jährlich kommen etwa 10 Millionen ausländische Touristen in das Land.

Irland war 2018 nach dem Bruttoinlandsprodukt pro Kopf das zweitreichste Land Europas, in der

Welt das fünftreichste. Bis in die 1990er-Jahre war Irland im Vergleich zu anderen Staaten der EU ein wirtschaftlich wenig entwickeltes Land. Besonders aus den USA kam es auf der Suche nach einem Standort für den Export in den europäischen Wirtschaftsraum zu Investitionen in Irland, was zu einer größeren Einwanderung aus Osteuropa führte. Irland wird wegen seiner damaligen wirtschaftlichen Entwicklung als „Keltischer Tiger" bezeichnet. Allerdings wurde Irland von der Finanzkrise ab 2007 besonders hart getroffen, weil der wachsende Wohlstand auch auf einer Immobilienblase beruhte, die schließlich „platzte". Außerdem ist die irische Wirtschaft sehr stark von ausländischen Direktinvestitionen abhängig. Die sehr laxe Regulierung des Finanzsektors zog zwar viele ausländische Banken an, Irlands Gesamtwirtschaft ist dafür aber im Ausland sehr stark verschuldet. Die Summe der ausstehenden Kredite, Derivate und Hypothekendarlehen irischer Banken übersteigt das Bruttoinlandsprodukt beinahe um das Vierfache. Durch die nun fallenden Immobilienpreise sind viele irische Haushalte überschuldet. Ab dem ersten Quartal 2008 befand sich Irland mehrere Jahre lang in einer Rezession, im Jahr 2014 überwand Irland schließlich die Krise. Das

Bruttoinlandsprodukt wuchs im Jahr 2015 sogar um 7,8 %. Damit weist Irland das sechstgrößte Wirtschaftswachstum der Welt und das größte Wirtschaftswachstum Europas auf.

Im Landesinneren der Insel finden sich überwiegend Ebenen, die von hügeligem Gebiet eingeschlossen sind. Der Fluss Shannon, der von Norden nach Süden verläuft, ist mit etwa 370 km der längste der Insel. Lough Corrib ist der größte See Irlands und nach Lough Neagh, der zu Nordirland gehört, der zweitgrößte der irischen Insel. Der höchste Berg ist mit 1039 m der Carrauntoohil (andere Namen Carrantuohill, Carrantual, Carntuohil). Er liegt im Südwesten der Insel in den Macgillicuddy's Reeks. Über das Land verteilt gibt es eine Reihe von Nationalparks.

Das kulturelle Leben spielt sich hauptsächlich in den wenigen großen Zentren Dublin, Cork, Galway und Limerick ab. Das Leben außerhalb dieser Städte ist in dem sehr dünn besiedelten Land beschaulich und größtenteils von Landwirtschaft und Fischerei geprägt. Dennoch gibt es auch dort zum Teil verstärkten Aufbau von Tourismus, vor allem in der Region um den Fluss Shannon. Die Förderung von Kunst erfolgt hauptsächlich über den Arts Council, einem von der Regierung ernannten Gremium mit der Aufgabe, irische Kunst zu entwickeln, zu fördern und zu bewerben. Die irische Musik ist vor allem bekannt durch die typischen Instrumente wie die Fiddle (Geige), deren Spiel sich durch den wilden irischen Stil auszeichnet, die Flöte, vor allem die Tin Whistle, und die Harfe, die das älteste irische Instrument ist. Obwohl die Volksmusik vieler Länder vor allem bei der Jugend an Popularität verlor, ist die traditionelle irische Musik weiterhin beliebt. International erfolgreiche musikalische Künstler und Bands sind: U2, The Dubliners, The Cranberries, The Corrs, Enya, Chris de Burgh, Bob Geldorf, Van Morrison und noch viele mehr.

Ein besonderes Element der irischen Musik ist das Tanzen: Stepptanz, Set Dance und Formationstanz sind sehr beliebt und haben eine lange Tradition.

Irland hat auch eine große Zahl bedeutender Schriftsteller hervorgebracht, darunter die Literaturnobelpreis-Träger William Butler Yeats, George Bernard Shaw, Samuel Beckett und Seamus Heaney. Weitere bekannte irische Schriftsteller sind Jonathan Swift, Oscar Wilde, James Joyce und Bram Stoker.

Schottland:

Endlich wieder in Schottland! Ich freue mich auf unzählige Schafe auf und neben der Straße, auf schottischen Whisky, auf Dudelsackmusik und auf Schotten im Kilt, auf die karge Küstenlandschaft, auf die von Heide überzogenen Gipfel, auf die gute, reine Luft und auf Haggis, Neeps & Tatties!

Der weitgehend autonome Landesteil des Vereinigten Königreichs Großbritannien und Nordirlands besteht aus dem nördlichen Drittel (ca. 78.000 km²) der größten europäischen Insel Großbritannien sowie mehreren Inselgruppen und hat etwa 5,5 Millionen Einwohner. Hauptstadt von Schottland ist Edinburgh mit etwa 480.000 Einwohnern, Glasgow ist mit etwa 600.000 Einwohnern jedoch die bevölkerungsreichste Stadt. Das Königreich Schottland und das Königreich England wurden ab 1603 in Personalunion regiert, 1707 wurden die beiden Staaten zum Königreich Großbritannien vereinigt.

Im Jahr 1999 bekam Schottland sein eigenes Parlament wieder. Seitdem sind das schottische Parlament mit dem First Minister (vergleichbar mit Ministerpräsidenten und Landeshauptleuten, aktuell Nicola Sturgeon) und die schottische Regierung für die meisten Aspekte der

Innenpolitik verantwortlich. Der Amtssitz dieser Institutionen ist Edinburgh. Als Teil des Vereinigten Königreiches hat Schottland aber kein eigenes Staatsoberhaupt.

Schottland teilt sich in drei geografische Regionen auf: die Highlands, die Central Lowlands und die Southern Uplands. Der höchste Berg Schottlands (und ganz Großbritanniens) ist der 1345 m hohe Ben Nevis bei Fort William. Die zerklüftete Landschaft der Highlands ist geprägt durch viele Seen und die teils tief eingeschnittenen Meeresarme, die in Schottland als Loch bezeichnet werden, die bekanntesten sind der Loch Ness und der Loch Lomond. Westlich vorgelagert ist die Inselgruppe der Inneren und Äußeren Hebriden mit der Isle of Skye und Lewis/Harris. Nördlich von Schottland liegen die Orkney-Inseln und die Shetland-Inseln. Bevölkerungsschwerpunkt ist der Central Belt zwischen Edinburgh und Glasgow.

Das Klima ist gemäßigt mit tendenziell unbeständigem Wetter. Ein Sprichwort besagt, dass man in Schottland an einem Tag alle Jahreszeiten erleben kann, ein weiteres: Wenn dir das Wetter nicht gefällt, warte nur 5 Minuten…

Allgemein ist der Westen wärmer als der Osten Schottlands, da durch den Golfstrom das Wasser des Atlantiks wärmer als das der Nordsee ist. Im Winter ist nur in den Höhenlagen im Landesinneren mit Schneefall zu rechnen.

Der Apostel Andreas ist Nationalheiliger und Schutzpatron des Landes. Jedes Jahr wird ihm zu Ehren am 30. November der St. Andrews Day zelebriert, der Nationalfeiertag in Schottland. Die Flagge Schottlands (engl. Saltire) basiert auf dem Andreaskreuz. Seit der Einführung der Reformation im Jahr 1560 ist Schottland ein überwiegend protestantisch geprägtes Land. Die schottische Nationalkirche (Church of Scotland, Kirk) folgt einer strikten calvinistischen presbyterianisch-reformierten Theologie und Liturgie, die vom Reformator John Knox eingeführt wurde. Nach Einführung der Reformation verschwand der römisch-katholische Glaube aber nicht ganz aus Schottland, sondern hielt sich vor allem in den abgelegen Gegenden der Highlands. Im 19. Jahrhundert nahm die Zahl der Katholiken durch Zuwanderer aus dem benachbarten Irland deutlich zu, und seit der EU-Osterweiterung 2004 kamen erneut zahlreiche Migranten aus katholischen Ländern wie Polen oder Litauen ins Land.

Die schottische Wirtschaft ist geprägt von der Erdölförderung aus der Nordsee, bedeutendes Zentrum ist die Stadt Aberdeen. Hier hat das Ölgeschäft die Fischerei seit den 1970er Jahren abgelöst. Der Export von schottischem Whisky lag 2018 bei etwa 4,7 Milliarden Pfund. Größte Abnehmerregion war die EU (1,4 Mrd. Pfund); die USA importierten Scotch Whisky im Wert von 1,04 Mrd. Pfund.

Der sogenannte Kreativsektor (Literatur, Film, Mode, Software und Computerspiele) trug 2010 mit einem Umsatz von 4,8 Milliarden Pfund zur schottischen Wirtschaftsleistung bei. Diese Branchen beschäftigten 2011 rund 64.000 Menschen.

Mehr als drei Viertel der Fläche Schottlands werden für die Landwirtschaft in Form von Ackerbau und Weidewirtschaft genutzt. Am meisten angebaut werden Gerste, Weizen, Hafer und Kartoffeln, daneben Gemüse und Obst. In den Highlands, den Inseln und den Southern Uplands dominiert die Schafzucht, generell spielt auch die Rinderzucht eine große Rolle. Rund die Hälfte des in privater Hand befindlichen Landbesitzes ist Teil von großen, der Jagd auf Rothirsche und Raufußhühner gewidmeten Landgütern. Die

Hälfte des gesamten Grund und Bodens im Land gehört 608 Eigentümern, während die achtzehn größten Landbesitzer allein bereits zehn Prozent Schottlands besitzen. So ungleich ist die Verteilung in keinem anderen Land der westlichen Welt.

Der Tourismus-Sektor ist entscheidend für die schottische Wirtschaft, 2015 kamen über 14,6 Millionen Besucher nach Schottland. Den größten Besucheranteil machen Touristen Großbritanniens aus. Die meisten ausländischen Besucher kommen aus den Vereinigten Staaten, Deutschland, Frankreich, Australien, Niederlande und Kanada. Schottland wird allgemein als sauberes und relativ unberührtes Reiseland angesehen, mit bildschönen Landschaften und einer langen und komplexen Geschichte, nachzuvollziehen in tausenden historischen Stätten und Sehenswürdigkeiten.

Und was ist Haggis? Was Dr. Google nicht vermitteln kann: Es schmeckt wirklich sehr gut!

Wales:

Der westliche Zipfel Großbritanniens grenzt an England sowie an die Keltische und Irische See, die Hauptstadt ist Cardiff (walisisch Caerdydd). Das Land wird zu den sechs keltischen Nationen gezählt. Die walisische Sprache ist für viele Waliser eine wichtige Quelle der nationalen Identität. Vor allem im Norden, im Westen und im Innern des Landes wird sie verbreitet noch gesprochen. Historisch gesehen ist das Walisische im Gefolge der Industriellen Revolution zu einer Minderheitensprache geworden. Seit 1993 sind die englische und walisische Sprache formal gleichgestellt. Die Zweisprachigkeit zeigt sich vor allem in den Orts- und Hinweisschildern. Der „Prince of Wales" ist seit dem 14. Jahrhundert traditionell – jedoch nicht automatisch – der Titel des Thronfolgers der meisten britischen Monarchen, in der Regel also des ältesten lebenden Sohnes des regierenden britischen Herrschers (der Kronprinz). Der derzeit amtierende 21. Prince of Wales ist Prinz Charles, der älteste Sohn von Königin Elizabeth II.

Mit 20.735 km² ist Wales der kleinste Landesteil von Großbritannien. Die Küste wird durch Steilküsten und weitauslaufende Strände geprägt und ist über 1200 Kilometer lang.

Das Landesinnere ist durch das Kambrische Gebirge und durch weitläufige Wiesen, hügelige Landschaften, Moore und Gebirge geprägt.

Großflächige Bereiche in Wales sind Landschaftsschutzgebiete. Die höchsten Berge sind der Snowdon (Yr Wyddfa, 1085 m), der Aran Fawddwy (905 m) und der Cadair Idris (893 m). In Wales liegen drei Nationalparks: der Snowdonia-Nationalpark, der Brecon-Beacons-Nationalpark und der Pembrokeshire-Coast-Nationalpark. Bedeutende Flüsse sind der River Dee (walisisch Afon Dyfrdwy ca. 110 Km) und der River Clwyd (55 Km), die in die Liverpool Bay münden. Im Westen münden der River Teifi (117 Km) sowie der Afon Tywi (120 Km) und der River Wye (215 Km).

Wales ist oft bewölkt, nass und windig, mit warmen Sommern und milden Wintern und gilt als eines der feuchtesten Länder Europas. An der Südküste ist das Klima aufgrund warmer Meeresströmungen erheblich milder als im Rest des Landes.

Die Bodenschätze von Wales wie Kohle, Eisen, Kupfer, Kalk, Schiefer, Blei, Zinn, Zink und Silber haben die Region im 18. und 19. Jahrhundert zu einem der wichtigsten Schauplätze der

Industriellen Revolution werden lassen. In der zweiten Hälfte des 19. Jahrhunderts beherrschten Bergbau und Metallurgie die walisische Wirtschaft. Von der Mitte des 19. Jahrhunderts bis in die Mitte der 1980er war der Abbau und der Export von Kohle ein von großer Wichtigkeit: Cardiff war einst der weltgrößte Ausfuhrhafen für Kohle.

Ab den frühen 1970er Jahren war die walisische Wirtschaft massiven Umstrukturierungen ausgesetzt, eine große Zahl von Arbeitsplätzen in der traditionellen Schwerindustrie verschwand und wurde durch neue in der Leichtindustrie und im Dienstleistungssektor ersetzt.

Fakten für einen direkten Vergleich

Deutschland
Fläche: 357.582 km²
Ausdehnung: Die größte Nord-Süd-Entfernung ist 876 km, von Osten nach Westen 640 km.
Einwohner: 83,02 Millionen
Bevölkerungsdichte: 233 Einwohner pro km²
Hauptstadt: Berlin mit 3,7 Millionen Einwohnern

Schweden
Fläche: 447.435 km²
Ausdehnung: Die größte Nord-Süd-Entfernung ist 1572 km, von Osten nach Westen 499 km.
Einwohner: 10,23 Millionen
Bevölkerungsdichte: 23 Einwohner pro km²
Hauptstadt: Stockholm mit 975.904 Einwohnern

Großbritannien
Fläche: 243.610 km²
Ausdehnung: Die größte Nord-Süd-Entfernung ist 970 km, von Osten nach Westen 490 km.
Einwohner: 66,4 Millionen
Bevölkerungsdichte: 273 Einwohner pro km²
Hauptstadt: London mit 8,9 Millionen Einwohnern

England
Fläche: 130.395 km²
Ausdehnung: Die größte Nord-Süd-Entfernung ist
630 km, von Osten nach Westen 490 km.
Einwohner: 55,9 Millionen
Bevölkerungsdichte: 429 Einwohner pro km²
Hauptstadt: London mit 8,9 Millionen Einwohnern

Nordirland
Fläche: 13.843 km²
Ausdehnung: Die größte Nord-Süd-Entfernung ist
140 km, von Osten nach Westen 180 km.
Einwohner: 1,8 Millionen
Bevölkerungsdichte: 136 Einwohner pro km²
Hauptstadt: Belfast mit 280.211 Einwohnern

Republik Irland
Fläche: 70.273 km²
Ausdehnung: Die größte Nord-Süd-Entfernung ist
485 km, von Osten nach Westen 275 km.
Einwohner: 4,7 Millionen
Bevölkerungsdichte: 68 Einwohner pro km²
Hauptstadt: Dublin mit 1,3 Millionen Einwohnern

Schottland
Fläche: 77.910 km²
Ausdehnung: Die größte Nord-Süd-Entfernung ist

440 km, von Osten nach Westen 250 km.
Einwohner: 5,4 Millionen
Bevölkerungsdichte: 70 Einwohner pro km²
Hauptstadt: Edinburgh mit 518.500 Einwohnern

© Eheleute Dünchem, Danke für das tolle Foto!

Wales
Fläche: 20.735 km²
Ausdehnung: Die größte Nord-Süd-Entfernung ist 275 km, von Osten nach Westen 100 km.
Einwohner: 3,1 Millionen
Bevölkerungsdichte: 151 Einwohner pro km²
Hauptstadt: Cardiff mit 361.468 Einwohnern

10. Meine Literaturtipps

Zu Schweden und Lappland:

Jens Andersen: Astrid Lindgren. Ihr Leben, Pantheon Verlag 2017; ISBN: 978-3-570-55352-7

Gunnar Herrmann: Elchtest. Ein Jahr in Bullerbü, Ullstein Verlag, Berlin 2010; ISBN: 978-3-548-28142-1

Gunnar Herrmann und Susanne Schulz: Alter Schwede! Zwei Hochzeiten und ein Elchgeweih, Ullstein Verlag, Berlin 2012; ISBN: 978-3-548-28375-3

Delia Kübeck: Fettnäpfchenführer Schweden. Die ungeahnten Geheimnisse blaugelber Etikette, Conbook Verlag 2010; ISBN: 978-3-934918-43-6

Cornelia Lohs: Fettnäpfchenführer Schweden. Wilde Erdbeeren und zahme Elche, Conbook Verlag 2019; ISBN: 978-3-95889-257-6

Hiltrud Baier: Helle Tage, helle Nächte. Roman Verlag: S. Fischer 2018; ISBN: 978-3-8105-3038-7

Åsa Larsson: Denn die Gier wird euch verderben. Thriller, Verlag: btb Verlag 2014; ISBN: 978-3-442-74686-6

Klara Nordin: Totenleuchten – ein Lappland Krimi. Verlag: KiWi-Taschenbuch 2014; ISBN: 978-3462046939

Ingrid Zellner: Malin und das weiße Rentier. Eine Geschichte für Kinder und Erwachsene, Magic Buchverlag 2015; ISBN: 978-3-944847-41-2

Zu GB und Irland:

Anka Muhlstein: Die Gefahren der Ehe. Elisabeth von England und Maria Stuart. Insel Verlag 2005; ISBN: 3-458-17273-4

Heinz Ohff: Gebrauchsanweisung für Schottland. Piper Verlag 2005, ISBN: 978-3-492-27510-1

Hans-Walter Arends: Das Schottlandbuch. Eine passionierte Schilderung schottischer Geschichte, Kultur und Natur. Verlag: Luath Press Limited, fünfte erweiterte Ausgabe 2015; ISBN: 978-1-910021-87-3

Ulrike Köhler: 111 Gründe, Schottland zu lieben. Schwarzkopf&Schwarzkopf Verlag Berlin 2015; ISBN: 978-3-86265-515-1

Stefan Zweig: Maria Stuart. (biografischer Roman, diverse Ausgaben)

Markus Bäuchle & Eliane Zimmermann: 111 Gründe, Irland zu lieben. Schwarzkopf&Schwarzkopf Verlag Berlin 2017; ISBN: 978-3-86265-625-7

Petra Dubilski: Fettnäpfchenführer Irland. Alles im grünen Bereich, Conbook Verlag 2019; ISBN: 978-95889-182-1

Ralf Sotscheck: Gebrauchsanweisung für Irland. Piper Verlag 2013; ISBN: 978-3-492-27594-1

Heinrich Böll: Irisches Tagebuch (diverse Ausgaben)

Ich erhebe keinen Anspruch auf Vollständigkeit

11. Schlusswort und Danke!

Alle hier erzählten Erlebnisse haben sich in den vergangenen Jahren tatsächlich so zugetragen. Ich danke meinen vielen Reisegästen für die schönen und auch kuriosen Momente, die wir gemeinsam erleben durften. Nichts ist spannender, als mit Menschen zu verreisen!

„Manchmal passieren die schönsten Dinge genau dann, wenn man nicht damit rechnet."

Für die konstruktive und mentale Unterstützung danke ich ganz besonders meinen Eltern Doris & Reiner Zoch und meinen Freunden und Bekannten Hiltrud Baier, Eva Lorenz, Rudolf & Cläre Schmitz, Cäcilie Thiemann sowie Maren Zimmermann: **vielen lieben Dank an Euch Alle!**

Alle Fotos sind von mir, bis auf eines: herzlichen Dank an die Eheleute Dünchem!

Vielen lieben Dank „Tack så mycket" auch an Helena Länta und an Tor Moberg Heatta für ihr Einverständnis zur Veröffentlichung der Fotos und sehr gerne verweise ich auf den Shop der Familie Länta in Jokkmokk:

Sápmi Ren & Vilt AB, Hantverkargatan 71, 962 33 Jokkmokk, Schweden; https://sapmirenovilt.se/

Für den Inhalt bin nur ich verantwortlich, sachliche Fehler bitte ich zu entschuldigen und danke für jeden Hinweis und Rückmeldungen unter: a.zoch@gmx.de

Wer ist Anna Zoch?

 Anna Zoch ist 1976 in Niedersachsen zur Welt gekommen und studierte an der Universität Osnabrück Geschichte und Germanistik mit dem Hochschulabschluss „Magistra Atrium" (M.A.).

Domführungen und Museumspädagogik für das Bistum Osnabrück waren ihre ersten Schritte im Tourismus. Für einen Reiseveranstalter aus dem Rheinland begann 2005 ihre „Tour" als Reiseleiterin, 2011 erfolgte der Schritt in die Selbstständigkeit.

Seitdem ist sie hauptsächlich in Schottland, Schweden, den Niederlanden und demnächst auch in Irland für viele namhafte Reiseveranstalter mit großer Begeisterung und sehr erfolgreich im Einsatz.

Infos zu den Fotos:

Titelseite:
„Eisenjunge" in der Altstadt von Stockholm

S. 10: Karlskrona in Südschweden

S. 19: Stockholm

S. 21: Malmö in Südschweden

S. 29: Gotha in Thüringen & Stockholm

S. 35: Urqhart Castle (Loch Ness) in Schottland

S. 41: Rannoch Moor & Drumnadrochit in Schottland

S. 48: Tobermory auf der Isle of Mull in Schottland

S. 53: Glenfinnan in Schottland

S. 60: Eilean Donan Castle in Schottland

S. 67 & S. 71: Braemar in Schottland

S. 75: Cliffs of Moher in Irland

S. 85 & 86: Land's End in Cornwall, England

S. 96: Kiruna in schwedisch Lappland

S. 100: Vaimat bei Jokkmokk in schwedisch Lappland

S. 131: Schottland

S. 138: Skansen in Stockholm, Schweden

S. 140: Jokkmokk in schwedisch Lappland

Als Zugabe noch ein Foto aus Lappland:

Jahreswechsel 2018/19 in Jokkmokk!
Fotoshooting mit Tor Moberg Heatta:
Mange takk, det var en superfin kveld med deg!